U0628607

数学教学理论与实践研究

赵翠珍◎著

北京工业大学出版社

图书在版编目（CIP）数据

数学教学理论与实践研究 / 赵翠珍著 . — 北京：
北京工业大学出版社，2020.11（2021.10 重印）
　ISBN 978-7-5639-7716-1

　Ⅰ . ①数… Ⅱ . ①赵… Ⅲ . ①中学数学课－教学研究
Ⅳ . ① G633.602

中国版本图书馆 CIP 数据核字（2020）第 220031 号

数学教学理论与实践研究
SHUXUE JIAOXUE LILUN YU SHIJIAN YANJIU

著　　者： 赵翠珍
责任编辑： 李俊焕
封面设计： 点墨轩阁
出版发行： 北京工业大学出版社
　　　　　　（北京市朝阳区平乐园 100 号　邮编：100124）
　　　　　　010-67391722（传真）　bgdcbs@sina.com
经销单位： 全国各地新华书店
承印单位： 三河市嵩川印刷有限公司
开　　本： 850 毫米 ×1168 毫米　1/32
印　　张： 2.5
字　　数： 62.5 千字
版　　次： 2020 年 11 月第 1 版
印　　次： 2021 年 10 月第 2 次印刷
标准书号： ISBN 978-7-5639-7716-1
定　　价： 40.00 元

前　言

　　数学教学理论是数学教育理论工作者和数学教育实践工作者在长期的数学教学实践基础上总结出的对数学教学本质性、规律性的认识。

　　罗尔夫·比尔勒（Rolf Biehler）等在《数学教学理论是一门科学》中指出："数学教学理论至少在社会意义上是作为一门科学而存在着的，我们从杂志、研究规划与博士学位课程、科学的组织体系以及会议中，都能看到它的存在。当然，与其他学科（如心理学）相比，数学教学理论的确很年轻。正因为其年轻，它的研究对象、方法论以及评价其理论是否有效的标准等一系列问题都显得多元化，数学教学理论在大学各学科中的地位目前也尚在争议之中。"

　　著名数学教育家钟善基先生曾指出："数学教育，随着社会发展的需要，通过数学教育工作者不断的实验与研究，演变至 20 世纪 70 年代，已开始形成独立的科学，成为涉及哲学（主要是认识论）、历史（主要是数学史和数学教育史）、心理（主要是教育心理）、教育（主要是教学论）、逻辑和数学等几门科学的一门边缘科学。这一发展，当然是历史发展的必然。"同样，数学教学理论的发展也是历史发展的必然。数学教学理论的存在与发展，有其历史、现实和未来需要的客观性与合理性。

　　数学教学实践活动大致分为五个阶段：自主探究（预习提纲）—创设情境—引入问题（学生展示）—总结回顾—应用反

思（反馈）。在教学实践过程中，教师应遵循以下几个原则：最近发展区原则、因材施教原则、尊重学生的原则、以学生为主体的原则。增强学生学好数学的信心，提升学生学习数学的兴趣，同时也促使他们的学习方式与思维方式得到改善。

本书充分体现以学生发展为本的教育理念，紧密结合当今教育课程改革趋势和素质教育的要求，符合学生的认知规律，理论与实践相结合，注重培养学生最基本的数学素养。全书共五章。第一章数学探究性教学理论与实践研究，主要介绍了数学探究性教学理论探析、建立探究性教学课堂以及数学探究性教学模式的研究。第二章数学分层教学理论与实践研究，主要介绍了数学分层教学理论、数学分层实践教学策略以及初中数学分层教学的实践研究。第三章数学研究性教学模式与合作探究教学，主要介绍了数学研究性教学模式理论研究以及基于合作探究的初高中数学教学实践与思考。第四章数学概念教学理论及其教学实践，主要介绍了数学概念教学理论以及数学概念学习的因素分析及教学策略。第五章数学命题教学理论及实践研究，主要介绍了数学命题教学研究的现状、数学命题教学影响下的认知学习理论以及问题情境下初中数学命题的教学策略研究。

由于作者水平有限，加之时间仓促，书中难免出现疏漏和不足之处，还望广大读者批评指正。

目　　录

第一章　数学探究性教学理论与实践研究

现代数学教育与传统的教学不同，在现代课堂教学中，特别注重教师在数学课堂中提出的探究性问题。而探究性教学是指教师以本课时教学的重难点为中心，让学生围绕此知识点提出灵活性问题，并通过独立思考或小组讨论得到各自的结论，并给出证明过程。在此过程中，教师要利用启发式教学方法引导学生积极思考，选择不同的方法进行证明，注重方法的创新性与独特性。学生在自身掌握知识的基础上主动构建课堂讨论，主动对问题信息进行筛选研究。课堂活动不仅提高了学生知识的积累程度，还让学生学会将新知旧知联系起来，实现知识结构的重组。从知识的获取来看，提高学生对问题的理解能力和对信息的敏感度可以帮助学生建立数学知识框架，增强学生的数学意识。所以数学教学不再是灌输式教学，而应当让学生主动构建数学问题。让学生自己提出问题、解答问题，以独立探究活动为核心，培养学生解决问题的能力。

第一节　探究性教学理论探析

一、探究性教学理论的特征

1.教学应面向全体学生，让每一个学生都能得到发展

探究式学习强调的是学生的自主学习活动，由学生自己设计并控制学习的整个过程。学生可以根据自身的情况来选择学

习方法，设计并控制学习的整个过程。这充分体现了教师对学生思想观点的尊重和鼓励，使学生能够以小主人的身份投入学习当中，强调在实践过程中学生自己发现问题、自行探索问题、自主解决问题、重视自我发现和自我体验，注重了学生实践能力的培养。在日常的数学教学中，教师应考虑和尊重学生的个体差异，要提倡问题解决方法的多样化，尊重并鼓励不同的学生在解决相同问题的过程中采用不同的方法。

2. 教师要以问题为中心创造有效的学习环境

探究式学习和发现学习相似，都是让学生通过亲身实践获得知识，而不是将现成的结论直接告诉学生。从实践中获得的知识，学生更容易理解和记忆，从而大大提高了学习的效率。一个好的问题情境，往往能够激发学生强烈的问题意识和探究欲望，引发学生积极思考，从而独立地解决问题，发展其思维能力和创造能力。教师需努力创造有效的学习环境，将新知识置于问题情境中，使学生在民主、和谐、开放、灵活的氛围中通过各种途径，如实验、观察、阅读教材、交流讨论等发现和提出问题，使学生在提出问题、分析问题、解决问题的过程中获得认知。

3. 明确探究目标，提高探究教学效率

学生探究能力的形成不是一蹴而就的。而每次探究活动的时间有限，教师在指导学生进行探究性学习的时候，应根据学生应达到的探究技能水平，结合数学知识的教学进程和学生的实际，制定出切实可行的培养目标，帮助和指导学生明确每次探究活动的学习目标，使探究教学沿着教学目标的轨道不断向前延伸。

4.教师指导学生的探究过程要相对完整

善于发现并提出问题、猜想与假设、制订计划、进行实验、收集证据、解释与结论、反思与评价、表达与交流，这八个步骤是探究教学的一个完整过程。但对于有限的教学时间，对于某个特定的教学内容来说，不可能也没有必要完成所有的探究环节。这就要求教师在教学过程中仔细分析某个环节的能力因素和可以培养的目标，取其中重要的环节来精心设计教学过程，使这些环节相对完整，让学生经历一个相对完整的探究环节。这样在学生的潜意识里就会把多次不同的探究环节逐渐整合成为一个完整的探究过程，自然而然学生的探究能力、探究水平就会达到质的飞跃。

二、探究性教学理论基础

（一）主体性教育理论

当前的素质教育强调培养学生的创新精神和自主学习能力，学生主体地位的确立是当前课堂教学改革的热点，因为只有实现主体地位的转化，才能最终实现整个课堂教学形式的转化，继而达到素质教育面向全体学生并使全体学生主动全面发展的目标要求。因此，实现主体性教育已经成为21世纪基础教育改革的重要任务。

从教学过程来理解主体性教育，其含义包括教师教的主体性和学生学的主体性两个方面，即我们习惯上讲的教师的主导作用与学生的主体作用。在教学中教为主导和学为主体是应该而且能够统一起来的。学，是在教之下的学；教，是为学而教。换句话说，学这个主体，是教主导下的主体；教这个主导，是对主体的学的主导。从教师的教学要求来看，教师要做到"乐教、善教、优教"，教师的主导作用的发挥，应体现在教学活动的各个环节之中；从学生学习的要求来看，要求学生在学习中做到"乐学、善学、优学"，成为学习的真正主人。学生学习的积极性、能动性应体现在学习的各个环节。

从教育的任务来理解主体性教育，可以认为主体性教育就是要不断提高学习者的主体意识和能力，并成为能进行自我教育的社会主体。苏霍姆林斯基说过："只有能激发学生进行自我教育的教育，才是真正的教育，""没有自我教育就没有真正的教育。"而自我教育的突出特点就是学会学习。因此，培养学生的自我教育素质，发挥学生学习的主体性，就成为学校和教师要明确的主要问题。教师在教学中要树立正确的教育观，处理好师生关系、教与学的关系，用主体思想来设计教育中的全部工作，使学生生动活泼地学习和发展。同时，在师生关系上，把教师的领导与弘扬学生的主体性辩证地统一起来，教师的任务就是要将学生的自觉性、积极性充分调动起来，不但要教学生学会，还要教学生会学，也就是要教学生掌握学习策略，突出学习能力的培养，这也是教学过程中学生学习主体性的具体体现。

（二）最近发展区理论

最近发展区理论是由苏联教育家维果茨基提出的儿童教育发展观。他认为学生的发展有两种水平：一种是学生的现有水平，指独立活动时所能达到的解决问题的水平；另一种是学生可能的发展水平，也就是通过教学所获得的潜力。两者之间的差异就是最近发展区。教学应着眼于学生的最近发展区，为学生提供带有难度的内容，调动学生的积极性，发挥其潜能，超越其最近发展区而达到下一发展阶段的水平，然后在此基础上进行下一个发展区的发展。

维果茨基的最近发展区理论，主要是就智力而言的，其实在学生心理发展的各个方面都存在着最近发展区。教师应该围绕最近发展区大做文章，通过联系簿、周记、作业本、期末鉴定、书信等载体给学生写评语，让学生看到成功的希望，让他们明确努力的目标，获得前进的动力，一步一步地发展自己，一点一滴地完善自己。

我国当前以素质教育为背景的教学改革倡导面向全体学生、使学生全面发展的现代发展式教学观。这一观点认为，教学的本质是激励学生的学习积极性，帮助学生全面发展。而维果茨基的最近发展区理论所倡导的教学观恰好与之暗合。维果茨基的最近发展区理论认为，学习与发展是一种社会合作活动，适于学生在他们自己的头脑中构筑自己的理解。而正是在这一过程中，教师是促进者和帮助者，指导、激励、帮助学生全面发展。

依据最近发展区的思想，最近发展区是教学发展的最佳期限，在最佳期限内进行的教学是促进学生发展最佳的教学。教学应根据最近发展区设定。如果只根据学生智力发展的现有水平来确定教学目的、教学任务，组织教学，就是指望于学生发展的昨天，面向的是已经完成的发展进程。这样的教学从发展意义上说是消极的，它不会促进学生的发展。教学过程只有建立在那些尚未成熟的心理机能上，才能产生潜在水平和现有水平之间的矛盾，而这种矛盾又可引起学生心理机能间的矛盾，从而推动学生的全面发展。例如，初中一年级负数的教学，学生过去未认识负数，教师可以举一些具体的、具有相反意义的量。如可举温度计测温度的例子，在零摄氏度以上与在零摄氏度以下的时候的温度怎样表示，以吸引学生的注意力，使他们渴望找到表示这些量的数，从而解决他们想解决而未能解决的问题。教学过程中的矛盾引起的心理机能的矛盾，使学生很快掌握了负数的概念，并能运用其解决实际问题。

依据最近发展区教学也应采取适当的手段。教师借助教学方法、手段，引导学生掌握新知识，形成技能、技巧。要实现这一目标关键在最近发展区域，因此，教学方法、手段的选择应考虑最近发展区。例如，在初中二年级的相似三角形教学中，可先带领学生做教学实验，让学生应用已有知识测量学校校园内国旗旗杆的高度，学生因此产生兴趣，旗杆不能攀爬，怎样测量呢？举棋不定，这时教师可以充分利用学校的资源，带领学生进行实地测量，得到一些数据。而怎样处理这些数据，学生在学相似三角形知识之前是无从下手的。这样必然会引起学生心理机能的矛盾，然后因势利导，再回到课堂。这种教学比单一的教学方法效果要好，从而培养他们的学习兴趣。

第二节　建立探究性教学课堂

一、创设有趣情境，吸引学生注意力

教师应在课堂上，根据教学情境，向学生提出符合学习目标的问题，增添课堂的趣味性，激发学生的学习兴趣，让学生积极主动地与他们互动。教师在与学生的交流互动中，要启发学生的创新思维能力和想象力。教师授课必须深掘教材内容，在学生原有水平的基础上，通过电子白板或课件等直观的教学资源，开发学生思维，推动学生通过独立思考或者小组讨论解决问题。例如，小学四年级的课程，在"三角形内角和是180°"一节中，教师先带领学生回忆测量三角形的方式，

之后引导学生小组测量三角形的度数，然后把三角形三个角的度数相加，得到结果。通过每个小组得到的数据，分析得出三角形的内角和的数据大体接近180°。最后引导学生将三角形的三个角拼成一个平角，再验证结论是否正确。在巩固练习阶段，让学生学会如何解答已知三角形的两个角求未知角度数的类型题。

二、教学过程与方法的应用

在课堂中，探究性问题要符合学生的年龄特点，如初中生对于简单的加减法是不必单独探究的。学生的探究学习不应该只关注解决问题的结果，还应该关注探究问题的过程。在解决问题的过程中，要锻炼学生的创造创新能力和发散思维能力，所以在教学中要特别给予学生想象思维的空间，鼓励学生积极思考，体现对同一个问题处理方法的多样性和创新性，创建积极乐观的课堂氛围。例如，在讲"图形的分类"一节课时，教师可以向学生提出以下几个问题：①你能说出多少种图形？②如何给图形分类？是怎么做的？学生自主探索，通过小组讨论得到多种分类方式。如可以按边的个数分类、按角的个数分类、按线段曲线分类等。学生意犹未尽，一定还会继续找寻其他分类方式，教师要一一给予指导和表扬。在学生得到结果后，还要让学生解释，他是如何得到此分类的。通过问题的层层深入，引导学生积极思考，扩大学生的想象空间，学生回答虽然不完整，但思维活跃、课堂发言积极，通过相互启发和借鉴也能得到很多解决问题的方法。

三、设立探究性问题，激发学生求知欲

在数学课堂中，并不是所有的教学内容都需要探究性的教

学方法，教师要合理选择适当的探究性教学手段，在恰当的时机激发学生的求知欲，利用直观形象的教学材料组织探究性教学。教师在教学中应选取和学生生活实际相联系的材料，挖掘材料中与课堂内容相关的知识，提升学生的课堂热情，实现学生对教学内容的深刻认识。教师的课堂教学还对学生其他学科的学习起到一定的促进作用，在课堂中，教师可以利用拓展材料，让学生自己提出问题，并自己解决，提高学生的自信心。提出的问题还包括一些开放性发散思维的类型题。教师应让学生在问题的变化中，体会数学的乐趣，发挥学生的想象力和实践能力，体现以学生为主体的课堂教学效果；还应以现实为尺度挖掘学生的最大潜能，对教材做合理的安排与调整，确立最适合学生的教学方式，引导学生在探索与研究中掌握课堂教学内容，提高学生的综合素质。学生并不缺少创新的潜能，只是缺少机会开发他们的潜力，课堂给予了学生这样的机会。教师在课堂中以学生为主体，引导学生思考，让学生主动尝试挖掘课堂中获取知识的方法，师生互动氛围浓厚，提升了学生独立解决问题和创新创造的能力。所以，为了提高教学效果，就要注重探究性课堂教学。探究性教学可以让学生在轻松愉快的课堂氛围中得到锻炼，真正理解并学会利用课堂内容解决问题。

第三节 数学探究性教学模式的研究

笔者通过对"高中数学探究性教学模式的研究与实践"课题的研究，促进学生自主探究性的学习活动，培养学生主动参与、乐于探究、勤于动手的学习习惯；培养学生搜集和处理信息、获取新知识、实践操作、分析和解决实际问题的能力以及交流与合作的能力；同时培养学生积极的学习情感、科学的态度和价值观。除此之外，该课题的研究还可促进课堂教学改革，促进教师转变传统教学观念，实行新的教学理念，开发教学资源，创设教学情境；培养教师勇于实践、勇于创新的教研精神。

一、研究内容及研究方法

1. 研究内容

本书主要研究如何提高高中学生学习数学的兴趣和能力，增强数学课堂教学的有效性，创新课堂教学方式，全面提高高中数学教育课堂教学质量，提高学生分析问题、解决问题的能力，实现素质教育的目的。

（1）研究目前高中数学课堂教学的现状。笔者通过目前发达的互联网技术，利用课余时间在网上调研全国的数学课堂教学现状。通过大量阅读和寻找全国各地从事一线数学教育者的个人博客及教育论文，并通过笔者毕业的师范院校和同学关系了解各个学校的高中数学课堂教育现状。除此之外，笔者还订阅了一些前沿和热门的数学教学杂志，追踪数学教育最新的理念和思想。

（2）进行以探究性教学为主题的教学实践和教研活动，适当安排一些探究性教学模式的内容和方法，进行初步的实践。笔者在安排的每星期 10 节数学课时间内分出 1/3 的教学时间进行探究性教学，每节课都提出本次课的核心问题，让学生参与进来，进行讨论分析和解决所提出的问题。

（3）结合教学实际，完成一系列探究性教学设计和教学案例。在探究性教学理论和学习理论的指导下，笔者除了在课堂中进行探究性教学的实践和试验之外，还积极进行教后反思和总结，并完成了一些具体的探究性教学设计及课件。

2. 主要研究方法

（1）文献研究法——通过丰富的藏书并利用网络资源，笔者对科学探究教学模式相关文献资料进行梳理和研究，从中寻找研究的薄弱点和掌握最新的研究进展。

（2）调查访谈法——通过对部分学生和教师及相关调查对象的访谈与交流，探讨在科学探究教学模式中存在的问题和改进的措施。

（3）比较研究法——关注国内外的探究性教学模式的发展，借鉴先进教学经验，对比分析笔者所在学校的探究性教学模式的现状，构建适合学生发展需求的新型探究性教学模式，并努力实现教学模式的优化和发展。

（4）案例研究法——有意识地选取在数学教学中具有典型代表意义的教学内容，围绕真实的教学事件，渗透科学探究教学要素，进行细致的分析、探讨，培养学生自主、独立思考问题的能力。

二、数学探究性教学的具体研究过程

1. 创设情境，激发自主探究欲望

探究式教学的载体与核心是问题，学习活动是围绕问题展开的。探究式教学的出发点是设定需要解答的问题，这也是进一步探究的起点。从教学的角度，教师根据教学目的和内容，精心考量，提出难度适易、逻辑合理的问题。这些问题主要来源于我们现实生活中的热点，因为陶行知先生说过"生活即教育"，另外，这些生活热点能够吸引学生的注意力，激发他们的兴趣，让他们意识到所学的内容并不是空洞的，而是有实际应用的。

2. 开放课堂，发掘自主探究潜能

教师在课堂上设计一些富有开放性的问题情境，让学生进行实验探究，这是进行探究性教学的一个重要部分。首先要帮助学生拟定合理的研究计划，选择恰当的方法。同时，要求教师提供一定的条件或必要的资料，由学生自己动手去试验或者查阅，来寻求问题的答案，继而提出某些假设。这时，教师扮演着一个组织者的角色，指导、规范学生的探索过程。另外，要注意培养学生寻求合作的团队精神。经过探究过程，学生要把自己解决问题的过程或者查阅的资料进行梳理总结，得出自己的结论和解释。不同的学生或者团队可以就同一问题提出不同的解释或看法，要求是能够将自己的结论清楚地表达出来，大家共同探讨。

3. 适时点拨，诱导探究的方向

为了达到让学生自主学习的目的，教师应引导学生自己去发现问题，当学生不明白时可适当点拨，诱导探究的方向，努力让学生自主形成自己的观点。

4. 课堂上合作探究，训练自主学习的能力

在探究教学中，教师的作用是启发诱导，学生是探究者，其主要任务是通过自己的探究，发现新事物。因此，教学过程中教师必须掌握好自己的"引"和学生的"探"的度，做到既不放任自流让学生漫无边际去探究，也不能过多牵引。笔者主要采取了以下几种教学方法。

（1）交流自学成果。在课堂上，让学生交流自学成果。在互相交流中，学生思维相互碰撞，撞击出创造新思维的火花。交流形式可以灵活多样，可以让学生自由发言，也可以让学生先在四人小组交流，然后派代表在全班汇报。

（2）合作学习，探究疑难。让学生对在交流自学成果环节所提出的问题以及普遍存在的模糊认识进行讨论，在合作学习中大胆质疑、解疑。讨论的形式灵活多样，如可以同桌互帮、四人小组研讨、全班辩论等，为学生充分表现、合作、竞争搭建舞台，使教师指导和学生自主探究相结合，传授知识和解决问题相结合，单一性思考和求异性思维相结合，达到合作探究学习的目的。

5. 课后留创新作业，激励学生进行探究性学习

为了激发学生自主、合作、探究的学习兴趣，课后教师需对作业的布置进行改革，努力减轻学生的课业负担。

（1）留因材施教的作业。教师要客观看待学生身上存在的学习能力方面的差异，留作业应做到因材施教，采用按能力分组、分层、适度布置作业。

（2）留某一段时间内的共同作业。留某一段时间内的共同作业，可以锻炼学生安排和管理自己时间的能力，并且在这段开放的时间内，培养学生自主探究和交流合作的能力。教师可以在一学年中留三次探究作业，如在讲到高三函数的复习知识时，给学生留"在以后一个月的时间里让他们通过网络或其他手段对函数的内容进行一个总结"的作业。

（3）留想象的作业。亚里士多德指出："想象力是发现、发明等一切创造活动的源泉。没有想象就没有创造，善于创造必须善于想象。"因此，在教学过程中，教师需留一些想象联想的作业，在复习到某个数学知识点时，鼓励学生变通、联想，培养学生的创新意识，激发学生自主探究学习的兴趣。

三、探究性教学所做的具体工作

通过对课题的研究总结，笔者认为探究性教学所做的具体工作如下。

1. 对课堂教学现状进行初步调查研究

通过利用网络资源和自己同事之间的调查研究，笔者初步掌握了我国目前的中学数学课堂的教学现状。我国目前绝大部分的县城和农村的数学教学仍然以传统教学模式为主，而随着国家素质教育的实行，大城市的数学教学模式呈现多样式的发展，如采取探究性教学、情境式教学、分层教学、案例式教学等，注重学生分析问题和解决问题能力的提高。

2. 提高和锻炼学生分析问题与解决问题的能力

通过课堂中的探究性教学方法的实施，笔者发现课堂上的学习氛围和实施之前相比，学生显得更有精神，他们面带笑容地听课，也积极提出问题，不再像以前有些学生表现出昏昏欲睡的样子；学生之间的关系更加融洽，师生之间的隔阂也渐渐变得从有到无；学生每次考试的成绩也显得稳中有升，特别是有部分以前成绩较差的学生，通过激发他们自主的探究学习，数学成绩有明显提升。

3. 完成一些具体的探究式教学案例

虽然数学教学时间安排非常紧凑，笔者仍然利用一些课余时间对自己一学年的探究式教学进行了总结，并完成了一些探究性教学案例和课件，如发在博客上的"曲线的交点"的教学案例及"椭圆的方程"的教学案例等。

4. 自我教学理念的提高

一学年中，笔者利用课余时间，通读了《陶行知文集》，深有感触，特别是"教学合一、知行合一""生活即教育"等观点及陶行知先生无私奉献于教育的热情值得我们提倡与学习。

四、探究性教学过程中的不足

通过对数学探究性教学的研究和实施，仍存在一些有待进一步研究和改善的问题。

1. 探究性教学适合小班教学

实施难度较大的大班数学探究性教学注重的是学生自我分析问题、解决问题的能力，教师需要照顾到每个学生的能力发展，但学生具有个体差异性，而教师的精力又有限，要照顾到每个学生难度较大。所以探究性教学只能适合人数较少的小班教学。但我国现行的中学班级编制每班都在 50 人左右，并不像一些欧美发达国家学校十几人的小班，所以实施起来仍存在较大难度。在具体教学实施过程中，教师只能先将一个班分成四组，每组十几人，一组一组进行探究性教学，但最终效果离理想效果仍有一段差距。

2. 探究性教学耗时较长

探究性教学的具体实施需要每个或每组学生发言分析，针对问题进行讨论、交流和总结，这在教学过程中需要较长的时间，而每周数学课的时间是有限的，若每一节课都进行探究性教学则会影响最终的教学进度。所以，要使学生能够在课堂上进行探究性讨论，则必须在课后占据大量的时间进行问题的调查、研究和分析。

3. 研究课题经费有限

往往由于个人经费较少或几乎没有经费，在进行课题研究时，教师只能自我主动去参与研究，通过互联网免费下载一些资源和学生进行讨论或借助学校的现有资源进行教学，但不能和学生一起动手去设计一些实验来研究和探讨问题，缺少了亲身的体会，多少会影响探究性教学的效果。

第二章　数学分层教学理论与实践研究

分层教学，是指根据受教育者的个体差异，将其划分为不同的层次，针对每个层次的不同特点，因材施教，借以实现既定的人才培养目标的一种教学方式。分层教学思想，最早源于孔子提出的因材施教。孔子针对不同学生的特点，有时采取截然不同，甚至互相矛盾的教学方式。分层教学是在班级授课制下按学生实际学习程度施教的一种教学手段。

美国著名心理学家布鲁姆在掌握学习理论中指出，许多学生在学习中未能取得优异成绩，主要问题不是学生智慧欠缺，而是由于没有适当的教学条件和合理的帮助造成的，如果提供适当的学习条件，大部分学生在学习能力、学习速度、进一步学习动机等方面就会变得十分相似。这里所说的学习条件，是指学生掌握知识必需的学习时间、给予个别指导和全新的学习机会等，分层教学就是要最大限度为不同层次的学生提供这种"学习条件"和"必要的全新的学习机会"。

课堂教学的基本原理——层次性原理认为，教学过程是师生交流的过程，交流可分为不同层次：元素层次（词语交流）、命题层次（语句交流）、模式层次（语句网络交流）。师生交流必须在同层次下才能顺利进行，即交流双方必须有"共同语言"。在每个班级中都有不同层次的学生，为了让所有学生都有交流的机会，教师必须提供不同层次的交流内容，分层教学就是适应这样一种要求产生的。

第一节 数学分层教学理论

数学课是学生学习和提高文化素养的基础学科。针对学生数学基础参差不齐、发展目标各异的现状，为了最大限度地发展学生的智力、情感、个性，从而调动学生学习数学的主动性、积极性，让学生得到发展，有必要根据学生学业现状、培养目标，结合个人的意愿，根据因材施教的原则，在数学教学中，按学生的实际情况实行分层教学、分层考核、分类指导，做到有的放矢，区别对待，针对不同学生培养目标不同，对数学的工具性的要求就不同，采取的方法也应有所不同，尽可能地激发和保护学生学习数学的兴趣和热情，让各层次的学生在数学学习中能学有所获。这样的课程改革更贴近学生的实际，会极大地促进教师在思考"有效"教学的同时，真正贯彻"够用为度""因材施教"的教学原则。

一、分层教学的指导思想

分层教学的指导思想是教师的教要适应学生的学，在同一班级里，学生的知识水平和接受能力存在差异，因此，在进行课堂教学设计时，就需全面地考虑到各类学生，设计的问题应随学生的思维水平的不同而有所区别。对思维水平较低的学生，问题设计的起点低一些，问题的难度小一点，思维的步骤铺垫得细一些，能使他们感受到成功的快乐，从而提高学习的兴趣；对于思维水平能力较高的学生而言，问题设计的起点就可高一些，问题的难度大一点，思维的跨度大一些，使他们的聪明才智得到充分的发挥，从而享受到挑战的快乐。此外，分层教学与以往分快慢班有着本质的区别。以往重点班、普通班是以学生的学习成绩划分的，所以往往可以通过一般性的考试进行选拔。而分层教学是根据学生的数学基础知识、学习能力的差异和提高学习效率的要求，结合教材和学生学习的可能性，按教学大纲所要达到的基本目标、中层目标、发展目标将学生依次分为相应的三个层次。分层教学中的层次设计，使学生适应不同的阶段完成适应认识水平的教学任务，进行因材施教，逐步递进，以便"面向全体、兼顾两头"，逐渐缩小学生之间的差距，达到提高整体素质的目的，这完全符合变传统的应试教育为素质教育的要求。

二、分层教学的实施

（一）创造良好的环境

分层教学中的分法是非常重要的环节，其指导思想是变传统的应试教育为素质教育，是成绩差异的分层，而不是人格的分层。为了不给学困生增加心理负担，必须做好分层前的思想工作，了解学生的心理特点，讲清道理：学习成绩的差异是客观存在的，分层教学的目的不是人为地制造等级，而是采用不同的方法帮助他们提高学习成绩，让学生最大限度地发挥他们的潜力，以逐步缩小差距，达到班级整体优化。

（二）学生层次化

在教学中，根据学生数学基础、学习能力、学习态度、学习成绩的差异和对其提高学习效率的要求，结合教材特点和学生的学习水平，再结合中学阶段学生的生理、心理及性格特征，按教学大纲所要达到的基本目标、中层目标、发展目标，可将学生依下、中、上按 2：5：3 的比例分为 A、B、C 三个层次：A 层是学习有困难的学生，即能在教师和 C 层同学的帮助下掌握课本内容，完成练习及部分简单习题；B 层是成绩中等的学生，即能掌握课本内容，独立完成练习，在教师的启发下完成习题，积极向 C 层同学请教；C 层是拔尖的优等生，即能掌握课本内容，独立完成习题，完成教师布置的复习参考题及补充题，可主动帮助和解答 A 层、B 层学生的问题，与 A 层、B 层学生结成学习伙伴。

（三）在各教学环节中施行分层教学

（1）教学目标层次化。分清学生层次后，要以"面向全体，兼顾两头"为原则，以教学大纲、考试说明为依据，根据教材的知识结构和学生的认识能力，将知识、能力和思想方法融为一体，合理地制定各层次学生的教学目标，并将层次目标贯穿于教学的各个环节。对于教学目标，可分五个层次：①识记；②领会；③简单应用；④简单综合应用；⑤较复杂综合应用。对于不同层次的学生，教学目标要求是不一样的：A 组学生达到①②③；B 组学生达到①②③④；C 组学生达到①②③④⑤。

（2）课前预习层次化。针对学生阅读理解能力相对提高，学习的目的性、自觉性明显增强的特点，只要教师能深钻教材，领会一"纲"两"说明"的精神，把握其弹性，根据已定的教学目标，明确提出各层次的预习目标，指导学生掌握正确的预习方法，就会获得满意的预习效果。例如，让高一学生预习时，可要求 A 层学生主动复习旧知识，基本看懂预习内容，试着完成相应的练习题，不懂时主动求教于别组的学习伙伴，带着疑问听课；要求 B 层学生初步理解和掌握预习内容，会参照定理、公式、例题的推演自行论证，并据此完成练习题，遇阻时能自觉复习旧知识，也能主动求教或帮助别组；要求 C

层学生深刻理解和掌握预习内容，定理、公式要主动推导，例题要先行解答，能独立完成相应的习题，力求从理论和方法上消化预习内容，并能自觉帮助别组同学。

（3）课堂教学层次化。课堂教学是教与学的双向交流，调动双边活动的积极性是完成分层教学的关键所在，课堂教学中要努力完成教学目标，同时又要照顾到不同层次的学生，保证不同层次的学生都能学有所得。在安排课时的时候，必须以B层学生为基准，同时兼顾A、C两层的学生，要注意调动他们参与教学活动的积极性。一些深难的问题，课堂上可以不讲，课后再给C层学生讲。课堂教学要始终遵守循序渐进、由易到难、由简到繁、逐步上升的规律，要求不宜过高，层次落差不宜太大。要保证C层学生在听课时不等待，A层学生基本听得懂，能得到及时辅导，即A层学生"吃得了"，B层学生"吃得好"，C层学生"吃得饱"。从旧知识到新知识的过渡尽量做到衔接无缝、自然，层次分明。

三、分层教学的实践依据

1. 心理学研究依据

人的认识，总是由浅入深、由表及里、由具体到抽象、由简单到复杂的。教学活动是学生在教师的引导下对新知识的一种认识活动。数学教学中不同学生的认识水平存在着差异，因而必须遵循人的认识规律进行教学设计。分层教学中的层次设计，就是为了适应学生认识水平的差异。根据人的认识规律，把学生的认识活动划分为不同的阶段，在不同的阶段完成适应认识水平的教学任务。通过逐步递进，学生能够在较高的层次上把握所学的知识。

2. 教育教学理论依据

由于学生基础知识状况、兴趣爱好、智力水平、潜在能力、学习动机、学习方法等存在差异，接受教学信息的快慢也就有所不同，所以教师必须从实际出发，因材施教，循序渐进，使不同层次的学生都能在原有程度上学有多得，逐步提高，最终取得预期的教学效果。

3. 教育教学实践依据

目前，普通学校面对传统教学模式，有不少困难。首先，现行中学数学教材理论性强，运算能力要求高，课本习题及复习题题量大，但学生基础普遍较差，大部分学生持有"学不进去""学了也无用"的态度，导致教与学陷入困境。其次，就普通中学目前的状况，若依大纲规定按部就班完成授课，根本无法保证使全部学生"一步到位"地通过考试，于是平时加课时、节假日补课，教学中"掐头去尾烧中段"，极力压缩知识的形成过程，以达到全体学生考试一次通过的目的。"生吞活塞""枯燥无味"，使教与学陷入困境。最后，对普通高中来说，以高考升学率的高低去衡量办学的成败的观念至今未打破，多数教师往往绞尽脑汁，采用多种手段，如使大多数学生，陪同几个所谓"有希望"的"尖子生"，为取得好成绩而"奋斗"，这样就使大多数"陪"读生"劳师无功"，大大挫伤了他们学习的积极性，也严重影响了普通高中的教育教学质量。鉴于上述原因，本着普通高中"为毕业生参加社会劳动和进一步学习打基础"的目标，我们只有充分认识到学生差异的客观存在及教学现状，切实开展教改实验，探究分层级教学的有效途径，才能从根本上摆脱困境，以全面提高教学质量，使数学教学符合素质教育要求，以适应社会需要。

四、分层教学的效果

学生分层是通过学生自我评估完成的，完全由学生自愿选择适合自己的层次，这样既充分尊重了学生的心理健康发展，切实减轻了学生的心理负担，保护了学生的自尊心和自信心，又调动了学生学习数学的积极性和主动性，使学生感到轻松自如，从而提高了学习数学的兴趣。

分层教学符合因材施教原则，保证了面向全体学生，并特别重视对后进生的教学力度。教学中注重学生的主体地位，使不同层次的学生的知识、技能、智力和能力都有所发展。教学目标和教学进度符合学生的实际，减轻了学生的课业负担。由于优化了课堂教学结构，提高了课堂教学质量和效率，学生的数学成绩能有一定的提高。

第二节 数学分层实践教学策略

数学是一门比较烦琐、复杂的课程，由于学生学习能力的差异，可能会出现成绩分层的现象。由于学生的学习基础和接受程度参差不齐，各种各样的教学方法无法满足全体学生的学习需求。教师如果不顾学生素质的差异，沿用"一刀切"的教学方法很可能会导致学生在学习方面"吃不饱"和"消化不良"，甚至出现两极分化的现象，相当不利于学生学习素质的全面提高和充分发展。分层教学的面向对象是全体学生，遵循"因材施教、因地制宜"的原则。它提倡教师根据学生的具体情况，将不在同一层次的学生进行区分。针对不同层次的学生的实际情况，再对教学内容进行安排，在教学要求、途径、方法、难易程度上进行一定的区分，尽力让各个层次的学生都能在原有基础上得到最大的进步，做到最大限度地促进学生的整体发展。分层教学是教师根据学生原有的基础知识、学习能力和接受能力的差异，围绕提高学习效率的要求，结合教学内容和学生学习的可能性，按照基本目标、中层目标、发展目标将学生依次划分为三个不同的层次。分层教学的最终目的是兼顾学生学习水平不一的情况，利用学生的个别差异把教学过程分为三个不同的阶段，在不同的阶段完成相应的教学内容，遵循"因材施教、循序渐进"的教学原则，满足不同层次学生的学习需求，逐渐缩小学生间的基础差距，以提高整体素质。

一、实施分层实践教学策略的实践探索

学习环境是影响学生学习效率的重要因素，营造愉快的学习氛围有利于激发学生的学习兴趣，促进学习效率的提高。所以良好的学习氛围、良好的师生关系是实施分层实践教学的关键。在对学生进行分层时，不同层次的学生或多或少会承受不同的压力，所以分层前的思想工作是十分重要的。教师需根据学生的心理特点与学生进行交流，让他们理解分层的目的是以更适合学生自身情况的教学方案挖掘他们的最大潜力，以便达到整体的优化，而不是人为地划分优劣等级。良好的师生关系不仅有助于减轻学生的学习压力，还能通过与学生的双向交流得到学生学习情况的反馈，不断纠正教学中的失误，制订出更适合于促进学生发展的教学方案，这样才能创造出一个良好的学习环境。

（一）对实验班学生进行分层分组，并根据学生发展情况随时调整层次及组别

将学生分层是整个实验开展的前提，盲目分层可能导致整个教学探究失去意义。因此，每学期初，课题组教师会充分了

解实验班级学生的基本情况，包括学生学习的兴趣、平时的爱好、学习的方法、学习的习惯、在学习上所花费的时间、家庭教育情况等，结合观察、测试、家访等不同的方法，认真调查研究，做到"心中有数"，然后根据学生的知识基础、智力水平和学习态度等，采取隐性分层的方法，将学生分为A（低层）、B（中层）、C（高层）三个层次，并将各层次学生进行合理搭配，建立四人异质合作学习小组。在学习过程中，密切关注学生表现，及时进行动态调整。

（二）以学科集体备课为保障，探讨分层备课

分层备课是实施分层教学的关键，是分层教学区别于传统教学的关键之处，也是一直以来我们研究的主要任务。为了保障备课质量，我们设计了分层备课教案，用于每一单元的分层教学目标、学情分析（分层情况），以及每一节课的分层教学目标、分层训练设计、分层作业布置与评价、分层辅导记录。每学期都要组织数学组教师认真钻研课程标准和教材，每个年级每个学科以一课为例，集中进行研讨，集体设计分层授课过程，跟踪观察并进行集体反思。重点研讨教学目标分层、教学方法分层、课堂提问分层、组织讨论分层、练习作业分层等。在备课过程中，要求教师认真分析每一节课的教学目标，并根据学生层次将教学目标进行分层。

（三）面对有差异的学生，实施有差异的教学，促使每个学生在不同基础上得到提高与发展

在学生分类、备课分层的前提下，结合理论学习，在经历一段时间的教学实践之后，确定三个层次的不同施教方法：对A层学生采用"低起点，补台阶，拉着走，多鼓励"的方法；

对 B 层学生采用"慢变化，多练习，小步走，抓反馈"的方法；对 C 层学生采用"小综合，多变化，主动走，促能力"的方法。课堂上，教师对不同层次的学生设计相应的学习问题，使学生都能够根据自己的学习实际进行解决，进而激发他们的学习兴趣和动机。事实证明，分层施教充分调动起了各层次学生的学习积极性，效果是很明显的。

（四）尝试布置分层作业

为了提高学生作业质量，激发学生学习的积极性与主动性，课题组教师在分层作业的设计上需下一番功夫。每天的作业采用优化的弹性作业结构设计，分为基本作业、提高作业、超额作业。本课时所必须完成的作业，被视为基本作业，允许 C 层的学生不做，A 层、B 层的学生人人要完成。考虑到学生学习水平低、中、高的实际，将题目做些变化，其被视为提高作业。设计一些难度较大的作业，其被视为超额作业，让 C 层的学生在更大的空间展示自己的能力，收获学习的喜悦。

（五）实施分层评价，激发学生学习的积极性、主动性

1. 课堂评价

教师在平时教学中注意不同评价对象所处的层次，采用适合这一层次标准的人性化评语，帮助 A 层的学生找回失落的自信，寻找到学习的快乐，也使 C 层的学生确定更高的学习目标，体会到超越自我的乐趣。

2. 作业评价

教师尝试对不同层次的学生提不同的作业要求，同时也给予不同的批改方式。A 层的学生作业做错后，暂不打分，而是让他们在小组学习能力强的同学的帮助下把做错的题目真正

弄懂，自己再订正，等到他们订正后再给 A+。A 层的学生也可以在做作业的过程中找到乐趣，学习起来也就轻松多了；而 B 层的学生，完成了基础题，并选做了灵活性题目，才能得 A+；C 层学生在此基础上，完成综合性的题目才能得 A+。通过对作业的合理评价，让学生人人都有机会得 A+，个个都享受到成功的喜悦。

3. 考核评价

针对不同层次的学生命制一、二两级试卷。一级为基本要求的测试卷，二级为要求略高的提高卷，学生可以根据自己的能力选择一种试卷。在一张试卷中考试内容也可以更富弹性，一部分为基础题，另一部分为略高于教材内容的附加题，学生也可根据自己的能力水平进行选做。

二、实施分层实践教学策略中的问题

目前，我们对学生的分层主要依据的是对新生摸底的结果，但测查的内容及其难易程度、考查的结果等是否科学、客观，有没有参考价值，是重要探讨的问题；分层要考虑学生的"出口"与"进口"的对接，"低进高出"虽然是努力的方向，但不能成为考核教师的依据。如何通过分层使不同水平、不同需求在发展中柔性衔接，使学生从分层开始就有信心和动力，是有待我们解决的问题。

分层对部分学生带来的负面影响表现为"自卑"，对家长来说"没了面子"。虽然在实际操作中，对表现出"自卑"的学生随机做了思想工作，但是通过 A 层个别学生的实际表现，可以看出教师的思想工作没有真正起作用，所以如何在分层教学的实验之前，客观地宣传分层教学有利的一面，做好学生或家长的思想工作尤为重要。

三、实施分层实践教学策略的收获

经过分层教学研究，教师在教学过程中取得了一定的成效，主要体现在以下两个方面。

第一，在各种研讨、评比活动中，构建出适合校情的分层教学模式。

第二，教师的科研素质、教学能力得到进一步提高。在分层实践教学过程中，从领导到教师都直接参与到教学中，以实践教学的切身感受促进教育观念的不断更新。分层实践教学为学校营造了浓厚的科研氛围，教师从中获得成长和进步。在课程的教学中，学生的学习方式也更加多样化，学生主动参与学习，也乐学好学。

第三节　初中数学分层教学的实践研究

一、研究背景和意义

随着课改的顺利推进，以学生发展为本的教学理念已深入人心。数学教学更体现了"人人学有价值的数学，人人都能获得必需的数学"的理念。在一个由几十名学生组成的班集体里，每个人的思维品质、认知水平、学习能力各有差异，加之农村学校生源严重流失，多数家长对学生学习重视得不够，一个班级"领头羊"稀少，学困生偏多，成绩优异的学生感觉课堂没有挑战性，即使突出表现也没有成就感，而学困生则感觉在人才济济的班级中没有自己施展的机会，也不敢有所表现。学困生产生学习负担和心理负担，课堂上不愿意回答问题，作业不会做，时间一长学习的积极性逐渐丧失，最终导致了学困生"晕车"、优等生"陪读"的两极分化现象。而分层教学有利于培养学生的积极性、主动性，有利于培养学生的探究能力、独立分析问题的能力和创新能力，更有利于优等生的培养。实施分层教学是很必要的，也是有重大现实意义的。

二、研究的理论依据

爱因斯坦说过："兴趣是最好的老师。"学习兴趣是学习动机中最现实、最活跃的心理反应，是推动学生进行学习的一种内驱力。美国心理学家、教育家布鲁姆在掌握学习的理论中指出："许多学生在学习中未能取得优异成绩，主要不是因为学生智慧能力欠缺，而是由于水平能力没有得到适当的教学条件的合理帮助。分层教学就是要最大限度地为不同层次的学生提供这种学习条件和全新的学习机会。"苏联心理学家克鲁捷茨基对儿童的实验研究表明，儿童的数学学习能力存在着差异。所以只要把成绩和个性指标相近的学生分在一个层内，把教学目标分层化解于教学内容的安排、作业练习的布置、思想感情的教育和学习方法的指导之中，学生将会在原有的程度上得到最大限度的发展。

三、分层教学有效性的提高

分层教学的中心思想是教师的教要适应学生的学，而学生是有差异的，分层教学重视学生间的差异，强调教师在教学中针对不同层次学生，在教学目标、内容、途径、方法和评价上区别对待，使各层次学生都能在各自原有基础上得到较好的发展。

1. 学生分层，是提高分层教学有效性的人文基石

对学生进行分层是分层教学的第一步，也是提高分层教学最重要的一步。教师只有对每个学生的学习现状了然于胸，在

教学中才能做到有的放矢。因此每接一个班级，教师先要做的事情就是从各方面了解每一个学生，包括成绩、行为、家庭情况、作业完成情况、责任心以及班级中和谁的关系比较好等。要了解这些是需要花大量时间的，具体做法是：召开不同形式的学生座谈会、进行个别访谈、重点家访以及向班主任和原来的任课教师了解情况。然后在征求学生意见的基础上进行分层，即成绩优秀层、成绩中等层和成绩学困层，分别将其称为"金牌"层、"银牌"层和"铜牌"层，再将不同层次的学生进行重新组合，编排成小组，这中间自然少不了学生的意见，因为他们是主体。之后便是各小组选组长，起组名，确定学习目标、口号等。小组的竞争机制需要教师和几位组长在征求组员的意见后一起商定。小组的起评分是组员上学年的期末考试成绩。在此基础上，每个小组都制定了赶超的小组，每个人也制定了自己的近期目标、一学期目标和赶超的对象。这样既形成了小组之间的竞争，组员之间的竞争，同一层次学生的竞争，也增强了小组成员的团结互助。分层教学能激发学困生赶超的决心，以至他们的考试成绩都能得到明显的提高。

2. 备课分层，是提高分层教学有效性的教学基础

学生分层和分组再好，没有在课堂上很好地利用和切实发挥，那也只是形同虚设，因此分层备课就显得尤为关键。教师应在吃透教材、教参和大纲的情况下，按照不同层次学生的实际情况，因材施教，设计好分层教学的全过程，确定具体可行的教学目标，写清哪些属于共同目标，哪些属于层次目标。对不同层次的学生还应有具体的要求，如对"金牌"层的学生要设计一些灵活性和难度较大的问题，要求学生能深刻理解基础知识，灵活运用知识，发展学生的个性特长；对"银牌"层的

学生设计的问题应有点难度，要求他们能熟练掌握基本知识，灵活运用基本方法，发挥理解能力和思维能力；而对"铜牌"层的学生应多给予指导，设计的问题要简单些，梯度缓一点，能掌握主要的知识，学习基本的方法，培养基本的能力。例如，"利用求根公式解一元二次方程"一节教学目标如下。共同目标：记住一元二次方程的求根公式并能用它来解一元二次方程。层次目标："金牌"层——能推导求根公式，并能熟练运用它去解决一些有一定难度的综合性问题，特别是涉及判别式和二次项系数的题目；"银牌"层——理解用配方法推导求根公式的过程，并能用它去解决一些稍微有难度的问题；"铜牌"层——了解推导过程，记住求根公式，并能利用公式解决简单的问题。

3. 授课分层，是提高分层教学有效性的教学过程

教学分层是课堂教学中弹性最大、最难掌控的部分，也是最考验教师创造性的部分。因为教师很难预料课堂上会发生什么。荷兰数学教育家弗赖登塔尔说："教师的作用就是如何使每一个学生达到尽可能高的水平。"因此，为了鼓励"铜牌"层学生也能参与课堂活动，使课堂充满生机，教师可以在问题的设计上做适当的处理。同一个知识点，有梯度地设计问题，从简单的提问入手，给"铜牌"层的学生更多的发言机会。适中的问题让"银牌"层学生回答。这样，每个层次的学生均能参与课堂活动，便于激活课堂。不管哪个层次的学生回答问题有困难，教师都应允许同一组的同学帮忙。如果一组的人都回答不出来，教师应及时调动学生的积极性，让其他组的同学抢答，如果答对则给这个组记一定的奖励分。"铜牌"层的学生上课回答问题，教师可以为他们设定特别的奖励分。同样，在

课堂练习上也实现了分层练习。这样操作后，课堂氛围会比原来活跃很多，很多组的学生会主动督促鼓励他们组"铜牌"层的同学上课多回答问题。课下，每个组"金牌"层和"银牌"层的学生也会主动去给"铜牌"层的同学补课，出题目给他们做，辅导他们写作业。

平时，教师要深入了解后两个层次的学生在学习上存在的问题和困难，帮助他们答疑解惑，激发他们主动学习的精神，让学生始终保持强烈的求知欲。对于"金牌"层的学生在教学中注重启发他们思考探索，领悟基础知识、基本方法，以"放"为主，"放"中有扶，突出教师的指导作用，培养学生独立思考问题能力和逻辑思维能力的提高。

4. 作业分层，是提高分层教学有效性的教学手段

学生要学有所获，教师想深入了解不同层次学生所掌握知识的情况，反映一堂课的教学效果，作业分层是核心环节。在作业的设计上，针对不同层次的学生，设计不同题量、不同难度的作业，供学生选择。每一层次的学生都要先完成基础作业。这样做，使每个学生都能"跳一跳，摘到苹果"，从而调动各层次的学生的学习积极性。在作业批改上，对"铜牌"层学生尽可能进行面改，发现问题及时订正，集中的问题利用上小课时组织讲评，反复训练，真正掌握。其余两个层次的学生作业批改后通过组内交流订正，小组内解决不了的和其他组讨论解决。

5. 训练分层

随堂小测验是检验一个学生一段时间内学习情况的最有效的手段。而测验中，不能用同样的标准去衡量每一个学生。在试题编制中，依据教学目标，把测试题分为基础题和选做题，

其中基础题占 80 分，基础题要求各个层次的学生都做，而 20 分的选做题则是"金牌"层和"银牌"层的学生来完成，对于"金牌"层的学生专设一道 10 分附加题，对于各个层次的学生若在完成本层次的基础上也完成了部分高一层次题目，则该部分得分加倍。

6. 辅导分层

教学中，辅导是学生牢固掌握和巩固基础知识的重要环节。除课堂上教师给学生的辅导外，课下有两种辅导形式。第一种，小组内"对口扶贫"，即"金牌"层的学生辅导"银牌"层的学生，"银牌"层的学生辅导"铜牌"层的学生。对于辅导中都不能解决的问题，组外交流和请教师辅导。这样所有学生的积极性都会被调动起来。第二种，利用早读、午自修和带"研究生"的方式由教师对"铜牌"层的学生进行辅导，主要是基础知识的查漏补缺，巩固练习，以更深的层次加深学生对知识的理解。

7. 分层评价，是提高分层教学有效性的激励机制

分层评价是实施分层教学的保证，从而对不同层次的学生采取不同的评价标准，充分发挥评价的导向功能和激励功能。教师可采用个体和小组相结合的评价方式。个体的评价是，对"铜牌"层学生常表扬，不断发现其闪光点，及时肯定他们的点滴进步，哪怕是考试成绩提高一分，培养他们学习数学的自信心；对"银牌"层的学生采取激励制评价，经常性给予鼓励。很多时候教师需私下鼓励学生，带动他们学习的积极性。这样的一种方式能够很好地促使学生积极向上；而对"金牌"层的学生要高标准、严要求，促使他们更加严谨、谦虚，不断超越自己。总之，通过这两种评价方式，充分调动各层次学生学习

数学的兴趣，加强学生间的团结互助，以实现大面积提高数学的教学质量。正如一位德国教育家所说："教学的艺术不在于传授本领，而在于激励、唤醒、鼓舞。"

四、收获与反思

采用分层教学后，以往课堂上学困生"晕车"、优等生"陪读"的两极分化现象得到了有效控制，出现了"你追我赶，奋勇向前"的可喜局面。在分层时，以"金、银、铜"层命名，不出现"差生"等词汇，维护了学生的自尊心。"铜牌"层的学生，因为学习目标定得较低，学习过程中又能得到教师更多的帮助，从而增强了学习的信心和战胜困难的勇气。

例如，2006届的孙某在四月份模拟考试中数学成绩在110分左右，通过两个多月的复习和"金牌"层同学的帮助，高考成绩达到135分。2007届毕业的管某、张某和蒋某通过一年的学习和辅导由原来100分制的40分左右提升到150分制的90分左右。

在取得成绩的同时，也发现了一些困难和不足。例如，教师的备课量增加，批改作业量增加。有时"金牌"层学生的作业量无形之中会增加，没有更多的时间去辅导其他学生；有的小组学生的自觉性不是很高或责任心不是很强，自己的作业都难保证正常完成，更别说是辅导"铜牌"层学生了；有的"铜牌"层学生的学习态度较差，游离于教室、课堂之外不配合辅导等。

总之，在教学中要使所有学生都能得到最大限度的发展，实施分层教学不失为一种好方法。分层教学为不同层次的学生提出了相应的学习目标，学生也充分认识到了"学有所用，学有所获"的深刻内含。

第三章　数学研究性教学模式
与合作探究教学

第一节　数学研究性教学模式理论研究

一、研究性教学模式含义

研究性教学模式是以现代化的教育理论为基础的一种模式，重点在于"研究"二字，指的是教师为学生学习提供的一种或多种研究思路与框架，让学生在学习过程中能从此思路与框架入手进入研究性教学的过程，提高学习能力。

教师应在研究性教学中发挥启发与引导的作用，让学生能跟随教师思维进行学习，以提高自身的数学学习能力。与此同时，该模式也着重凸显了学生的课堂主体地位，通过自主探究、创设情境及协同合作等方式有效开拓学生的思维空间，以提高学生的学习能力。

总之，研究性教学模式主要是以新课程改革理念下的"生本理念"为依据的，通过构建"引导"与"学习"两个教学行为间的关系，让教师主动为学生搭建良好的学习平台，将学生置身于平台中，使其最大限度地拥有学习空间与学习自主权，减轻学习压力，调动学习积极性。

二、研究性教学模式的突出特征

1. 综合性与实践性

在研究性教学中，学生综合应用所学知识，最大限度地调动自身的潜能探索知识。这一过程要求学生在学习中留心观察，认真对比并分析数据，不断归纳与总结，增强数学知识的实践性，发散思维，独立思考，从而拓展自身学习的广度与深度。

2. 自觉性与主动性

研究性教学模式主要针对的是学生的学习过程，注重引导学生产生强烈的学习自主性，让学生能全身心投入数学课堂探究活动中，从而在个人意识的主导下经历质疑、探究及解决问题等过程，丰富课堂学习体验，在不断尝试与验证中掌握所学知识。

3. 互动性与创新性

学生在进行研究性学习活动时需要教师的正确引导，而教师也需要主动地评价与引导学生，确保学生在学习中都有所收获。在此模式下，师生之间的互动不断增强，拉近了师生间的距离，同时学生也能大胆思考，结合教师的辅助发展自身的深层思维，学会从多角度考虑问题，进而解决问题，突破传统思维的局限，提升自身的创新能力。

三、初中数学研究性教学模式的实践

研究性教学模式与传统教育模式有着很大的区别，传统教育模式以教师为课堂中心，在研究性教学模式下师生则互换了课堂角色，因而取得了理想的教学效果。为此，笔者结合初中数学教学探讨研究性教学模式的实践策略，以期能对学生的学习起到一定的促进作用。

1. 转变教育理念

由于教师在教学中很难转变自身的教学观念，且深受应试教育理念的影响，所以在初中数学教学中应用研究性教学模式具有重要的意义。可见，要想实现研究性教学目标，教师需积极转变自身的教育理念，同时在开展教学活动时积极践行新的教育理念。从传统的数学教学来看，教师在教学中以自己为主体，但是在研究性学习模式下，教师则要以学生为主体。以教学中"图形的旋转"这部分内容为例，教师需在教学中明确研究性教学目标，即培养学生处理与收集信息的能力，激发学生学习的主动性，提高学生的应用能力。如教师在教学中给学生展示一个钟表，之后引导学生自主探索秒针、分针及时针旋转的特征；借助钟表引导学生针对线段的旋转进行操作。如此，在研究性教学活动中，学生成为课堂主体，教师则充当引导者角色，贯彻落实了以学生为主体的教育理念。

2. 强化对研究性教学活动的组织与管理

在初中数学教学中，教师需要强化对研究性教学的组织与管理，保证课堂活动顺利进行，从而更好地践行相关教育理念。以教学中"一元二次方程的图像与性质"这部分内容为例，教师在设计教学活动时需做好课时安排工作。首先，第一个课时主要强化学生对坐标形式的研究，以及对一般形式的二次函数图像性质的了解。然后教师再严格按照相关步骤开展教学活动，尤其在研究性教学中，要强化引导学生学习，让其最大限度地应用所学知识及其擅长的方式理解新内容的原理与实质，如此促使学生高效学习。

3. 以生活化思维指导学生学习

数学是一门以计算为主的学科，在生活中具有很强的实用性。教师在运用研究性教学模式指导学生学习时可应用生活化思维逐步深化学生对知识的理解。以教学"统计图"这部分内容为例，教师给学生布置收集班级学生身高、体重数据的任务，之后以数据段的形式整理数据并制作成统计表，最后依据统计表数据绘制条形、折线及扇形统计图等。又或者让学生调查班级中学生最喜欢的科目，整理相关的数据后制作统计图。在这样的教学模式下，学生能在自主学习中不断收集数据，学会统计分析数据的方法，从而达到学以致用的目的。

4. 以讨论模式进行研究性教学

近年来，广大教师将讨论模式应用到课堂教学中。实际上，讨论模式指的是深度挖掘和学习的过程，提倡学生质疑并应用已经掌握的知识有效解决问题。以教学"二次函数"这部分内容为例，教师先给学生讲解二次函数的基础知识，让学生更好地掌握这部分内容。学生要想更好地掌握这部分内容还需要通过大量的练习来巩固，但在这个过程中也就无法避免会遇到很多问题，如无法解决比较困难的问题，或是一个问题有多种解决方法等。这时，教师需选取几个经典的题型，并给学生半节课的时间自主思考、讨论，同时发挥自身的引导者作用。学生在拥有了更多的学习主动权后，就能找到更多、更好的解决问题的方法。由此可见，教师应科学应用讨论模式开展教学，这在一定程度上也能提高学生的学习效率。

5. 以合作模式进行研究性教学

教师在初中数学教学中应以该学科的特性为基础，应用小组合作的模式开展研究性教学活动，这是广大教师常用的一种教学方式。合作模式指的是将学生分为若干个小组，每个小组共同研究一个或不同的问题，之后各自发表对问题的看法。这种模式是行之有效的一种方法，有利于教师培养学生的自主学习能力与综合能力。以教学"概率初步"这部分内容为例，如果教师仅仅给学生讲解，没有给他们讨论的机会，那么学生对这部分内容的理解也就不会很深刻。教师在教学中可应用小组合作模式让学生互相交流并说出自己的理解，帮助学生更好地理解本章节的内容。但是还需要注意的是，在学生探讨的过程中，教师要发挥自身的引导作用，主动给予学生指导，发掘学生的数学思维，不断帮助其进行思考与探索，使学生能应用所学的知识解决存在的问题。

6. 创办研习课堂检验结果活动

就当前学生的学习情况来看，大部分学生没有形成良好的自觉性。若研习课上没有教师的监督，则学生也就很难合理利用课堂时间认真学习。为了监督学生在研习课上做好学习总结，教师可以采用定期或不定期的抽查方式，让学生按照要求写研习课读后感及课堂总结，总结研习课上自己的收获、不足等。如果学生的检测结果不达标，那么也可以检查学生所做的总结，判断其是否认真对待研习课，若未认真对待，则督促学生认真对待。

第二节　基于合作探究的初高中数学教学实践与思考

一、初中数学合作探究教学的实践与思考

初中数学教学工作中灵活运用合作探究教学模式不仅可以帮助学生主动、积极地融入学习中，更有利于挖掘其学习潜能，提升其学习效率。下面介绍对基于合作探究的初中数学教学的教学反思，以期不断提高数学教学质量。

1. 尊重学生需求，小组合理分工

一般而言，合作式探究学习通常是以小组为学习单位的，因此，教师在借助合作探究展开具体的教学工作时，应当充分考虑到不同小组成员在完成合作学习任务时的基本学习需求，切勿出现学习任务仅依靠优等生完成或学习任务仅达到学困生能完成的水平的情况。

例如，教师在为学生讲解"二元一次方程"相关知识时，可以先布置相应的探究任务：二元一次方程与一元一次方程有何不同？变量的增加会对变量取值产生什么样的影响？变量的数值是固定的吗？同一方程中的两个变量之间有什么关系？为了帮助学生理解"二元一次方程的意义"及"二元一次方程的解"这两个教学重点，学生在合作讨论上述问题时，教师也可以给定具体的方程式，如"$x+2y=10$"，引导学生思考两个未知数之间的关系。针对上述问题，小组成员间可以自行进行任务分配，学习成绩稍差的学生，则可以重点思考二元一次方程与以往所学的一元一次方程之间的区别，回顾小学时期所遇到的一元一次方程，与教师给出的"$x+2y=10$"二元一次方程相比，得出异同点。针对一元一次方程，解答时只要依靠四则运算的计算变换便可得出解，而在考虑二元一次方程计算时，两个未知数是相互影响的，当 x 值确定了，y 值也会相应确定；当 x 值改变了，方程中的 y 值也会随之改变。此时，学生则能清晰地了解二元一次方程与一元一次方程的不同点，在后续的学习中，学生也会牢记这些自己思考出来的规律。而对于学习成绩中等的学生，则可以思考二元一次方程中两个变量之间的关系及其数值是否是固定的。此时，许多学生运用"试值法"将不同的值代入方程"$x+2y=10$"：当 $x=1$ 时，$y=4.5$；当

$x = 2$ 时，$y = 4$；当 $x = 3$ 时，$y = 3.5$……学生通过仔细思考所求得的值，则也可以总结出，二元一次方程中，两个变量之间存在着一一对应的关系。而对于学习成绩优异的学生，他们则可以思考，能否将二元一次方程变成以一个未知数的代数式去表示另一个未知数的形式的方程？通过思考，C 层的学生也会发现，求二元一次方程的解，实质上就是解一个含有字母系数的方程。最后，小组成员间进行分享自己的探究结果，通过合作讨论探究结果即完成了教师所布置的课堂任务。从总体上看，将小组学习任务拆解，并在小组成员间合理分工，不仅照顾到了不同能力类型成员的学习需求，更提升了合作探究的有效性。

2. 选择适宜内容，提升合作效率

组织学生进行合作探究学习，教师所选择的具体探究内容在一定程度上会影响课堂的教学效率，若选择不恰当的内容组织学生进行合作探究，不仅会耽误教学进度，更会浪费宝贵的教学时间。

例如，在教学"对称图形——圆"的相关知识时，教师就可以以圆形面积的计算及其推导为探究重点，指导学生通过合作探究的形式寻找和思考圆形面积的计算方法。教师给予提示：圆形面积的求解，是不是可以通过分解、切割、移动、拼接等方式组合成我们所熟悉的图形呢？此后，小组成员自己动手用圆规画圆，通过画、剪、割、补、拼等实践活动，去探究发现圆形面积的计算方法。在探究过程中，有的学生在圆形中间"抠"出了一个正方形，但很快发现，除去正方形部分剩余的面积还是无法计算；有的学生则将画出来的圆放置在正方格上，想要以小正方形面积表示圆的面积；也有的学生将圆形等分为 4 等份，再将这 4 份组合拼凑起来，但很明显 4 等份拼凑起来的图形依旧是不规则的图形。针对上述情况，小组内成员做了进一步探究，即将圆形中间的正方形去掉后，剩余的部分是不是也可以用同样的方法得到一个长方形，依次类推，再剩余的部分是不是又可以得到新的图形？对于将圆等分的推导方式，如果扩大等分倍数，将圆尽可能切割，是不是最后所拼接成的图形就会变得规则了呢？学生的一系列推导、推翻、再推导，都是其思维外放的重要表现，也正是因为这一课题具有较强的可探究性，学生才可以沉入其中发散自身思维。由此可见，选择恰当的合作探究内容是启发学生思维、提升合作效率、增强学生知识记忆点的关键所在。

二、高中数学合作探究教学的实践与思考

基于合作探究可以培养学生的学习能力，而要想提高这一培养效果，就需要教师对教学工作进行合理的规划。这不仅要求教师根据学生的学习能力科学地规划教学流程，还要求教师在教学过程中增强数学教学的趣味性，激发学生对教学内容的学习兴趣。教师在教学过程中需要构建清晰的教学框架，以帮助学生理解教材知识；还需要注意学生对数学知识理解上存在的差异，采用分层教学法有针对性地进行教学，这样能最大限度地提高班级学生的学习水平。

1. 提高数学教学的趣味性

为提高教学质量，数学教师可以对交互学习方法进行优化。在教学过程中教师要有意识地提高教学的趣味性，这样可以有效吸引学生对课堂内容的关注。调查发现，很多学生不愿意学习数学，是因为数学学习起来过于枯燥、乏味。教师在教

学过程中应针对学生的心理特点，对教学方法进行完善，并在课堂中添加趣味性元素，以吸引学生对课堂的关注，增强学生对数学的感知能力。

在教学过程中，教师需要多了解学生的想法，这样才能及时发现学生在学习过程中存在的困惑，并帮助其走出困境，从而消除学生对数学学习的畏惧心理。提高数学课堂的趣味性，能够让学生主动参与到数学教学中，从而帮助学生理解数学知识，培养学生的数学综合能力。例如，在讲解苏教版高二"平面向量"这一章节时，教师可以借助学生比较熟悉的事物来辅助讲解相关知识，以提高教学的趣味性。又如，在讲解向量的有关知识时，让学生了解向量在实际生活中的应用，以丰富知识内容。教师在讲解这一知识点时，可以通过多媒体展示猫捉老鼠的动态过程，并询问学生："老鼠由 A 处向南逃窜，猫由 B 处向西追击，猫能追到老鼠吗？"在学生观看完这幅动态演示图之后，可以直接给出否定回答。即使猫的速度比老鼠快，也无法追到，因为两者的运动方向并不一致。教师在提完这个问题之后，引入教材中关于向量的知识，让学生了解向量不仅仅表示数量，还表示方向，并在此基础上，让学生区别数量与向量的异同。通过生动的图片以及丰富的内容，将枯燥乏味的数学知识变得活灵活现，这对学生理解向量定义有非常大的帮助。

2. 注重课前预习

合作探究教学模式具备较强的系统性，所以教师在教学时，不仅要注重课堂教学环节，还要重视课前预习环节。合作教学的目的是培养学生的自主学习能力，所以教师在进行数学教学工作时，可以引导学生进行课前预习，以培养和发挥学生自主学习的积极性。

为了能够提高学生自主学习的能力，教师可以布置课前预习作业，提出一系列问题，让学生在预习中，有目的地完成教材内容的预习。这样一来，学生在完成教师布置的预习作业后会获得一定的成就感，产生一定的学习信心，这对学生学习数学有很大的帮助。

例如，教师在讲"随机事件及其概率"这部分内容之前，可以先让学生在课前进行预习。这一过程教师需要布置预习任务，让学生注意到这部分内容的关键部分，并引导学生在预习过程中加大对这部分内容的关注，如"事件的分类"以及"概率的频率"等知识。随机事件及其概率知识在生活中的运用非常广泛，对学生日后生活、工作都有很大的帮助。教师在布置预习作业时，要向学生强调随机事件及其概率对学生的重要性，让学生认真地进行预习。通过这样的预习不仅能够方便教师顺利地开展教学工作，还能让学生了解到哪部分存在问题，在听讲的过程中可以有针对性地去听，从而能够在很大程度上提高学生对数学知识的掌握程度。

为了帮助学生理解概率的相关概念，教师可以采用提问的方式以促使学生加强理解，从而帮助其理解相关知识。在进行这部分内容的教学时，教师先向学生提问：向上抛一枚硬币，落地后，正、反面向上的概率都是1/2，那么抛10次，一定有5次正面向上吗？学生通过试验发现并非如此。于是，教师引导学生应该从概率的定义解释这个问题。概率，顾名思义就是一件事发生的可能性，所以即便一件事的概率是 1/2，那么实际情况也可能并非如此。

由此可见，教师在课前也需要与学生进行沟通、交流，了解学生在学习过程中存在的问题，从而帮助学生纠正在知识理解上的偏差。

第四章　数学概念教学理论及其教学实践

第一节　数学概念教学理论

一、数学概念教学的意义

数学教学的核心部分是基础知识、基本技能，而"双基"的核心就是概念，理所当然概念教学在中学数学教学中就有着举足轻重的地位。人脑的聪明与否不决定数学素养的差异，而这种差异是由学生对概念的理解、转化和运用能力决定的。某些学生数学学不好，把原因归为做题少，其实是他们忽略了概念学习，概念理解不清楚，更无法正确理解性质、定理、法规、法则等，这样知识就无法融会贯通，致使不能灵活运用。因此，要想提高中学教学质量，最关键的是抓好概念教学，无论学生还是教师都要从思想上重视起概念的学习。

概念教学作为数学教学的核心，除了让学生学会、学懂外，更关键的是要让学生领悟数学概念中蕴含的思想方法和解题技能，从而培养学生的逻辑思维能力与数学素养。

（1）数学概念教学培养学生思维的广阔性。在引出新概念前，要展示出概念的背景知识，启发诱导学生对概念进行联想，多角度、多层次分析，去寻找数学内在的规律，从而获得新的概念。这样学生就会善于思考问题、分析问题，进而解决问题，善于观察发现事物的特征与差异，从而开阔自己的思维。

（2）数学概念教学培养学生思维的创造性。在教师的启发下让学生经历自己主动发现问题、探究问题，逐步得出结论，最终给新概念下定义的过程，这有助于学生更深入地理解概念，还能提高思维的创造力。

（3）数学概念教学培养学生思维的深刻性。在学生已经初步了解定义的时候，继续引导他们去剖析定义。要抓住概念的核心内容，找到它与其他知识间的联系，透过概念看到它的本质属性，准确掌握概念的使用范围和条件，从而运用概念解决实际问题。

（4）数学概念教学培养学生思维的判断性。概念教学时，教师通过正反面的例子加深学生对概念的认识，防止学生片面地理解概念，提高学生的辨别能力，会用判断的眼光去观察、审视事物，准确地觅错、纠错，保证思维的严谨性。

二、教育改革对中学数学概念教学的要求

《高中数学课程标准》明确提出：要求学生能够理解基本的数学概念，了解它们产生的背景、在后继学习中的作用，体会其中的数学思想和方法。对应于新课标的要求，数学概念教学是要将学生带回现实，在现实生活中发现数学、应用数学解决问题。强力反对机械地死记硬背概念，要淡化传统教学中对概念过分形式化的要求，与传统教学相比，新课标下的数学概念教学具有新的特色。

（1）概念形式化的要求降低。以分式概念为例，旧教材定义为：两个整式 A、$B(B \neq 0)$ 相除时，可以表示成 $\dfrac{A}{B}$ 的形式，其中 A 叫作分式的分子，B 叫作分式的分母。而新教材定义为：

如果 A、B 表示两个整式，并且 B 中含有字母，那么式子 $\dfrac{A}{B}$ 叫作分式。很明显，旧教材的定义过分严谨且抽象，而新教材不再注重概念的形式，更符合学生的认知发展规律。

（2）创设情境，用典型实例引出数学概念。新课标强调，学生要参与从实例中抽象出概念本质的全过程。概念引入的基础是生活中的实例，通过实例揭示概念的背景，创设问题情境，激发学生的兴趣，在应用中体会数学的价值。

（3）以学生为主体，让学生自主探讨，形成新概念。新课标倡导积极主动、敢于探索的学习精神。学生对物体的感知是新概念形成的前提，通过观察和探讨发现事物的本质属性及规律，最终用语言概括出概念，培养学生的自主创新能力。

（4）在解决问题中巩固概念。概念教学最大的难点就是学生上课能听懂，却无法应用其去解决实际问题，时常会遗忘。因此，就此特点教师要经常帮助学生梳理知识，在实际问题中引导学生认识概念的作用，学会应用概念。

三、数学概念教学的现状与反思

新课改在全国各个地区都已经实施了不短的时间，尽管新课标中强调了概念教学的基础性与重要性，但现在还仍有不少教师依旧采用传统模式进行教学：忽视引导，一味地灌输；不以学生为主体，把自己当权威，一味地教；重结论而轻过程。在学生学习过程中经常会出现以下情况。

（1）学生课堂上听得懂，概念能熟背，感觉已学会，但应用起来就没有思路，处处碰壁。

（2）学生课上被动接受知识，机械地记忆、模仿应用，课下理解不到位，遗忘快，更谈不上灵活运用。

（3）学生所学的知识混乱，无结构，不能做到灵活迁移与发散，只会死学，遇到复杂的问题望而却步，无学习兴趣，厌恶数学，惧怕数学。

现行教材常常省略概念形成的过程，而直接给出抽象概念的定义，再加上教师一味地灌输，忽视概念的形成过程只看重结果与应用，这将给学生的学习造成很大的困难，导致学生形成错误的数学观，认为数学就是做题，阻碍了其思维的发展，不利于数学能力的培养。

因此，数学教师必须按照新课标的要求，站在学生发展的角度，转变教育观念，做到以学生为中心，优化教学设计，强调先理解后运用的数学学习理念。

第二节　数学概念学习的因素分析及教学策略

一、影响数学概念学习的主要因素

学习的主体是学生，学习的过程与目标是概念的获得，因此可以从两个方面考虑学生学习概念的影响因素，一个是学生自身的因素，另一个是概念形成的内外因素。这两种因素是影响概念学习的最重要的因素，如图 4-1 所示。

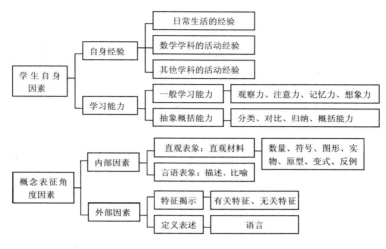

图 4-1 影响概念学习的主要因素

以上因素对概念学习的影响是依照一定顺序进行的，先是学生过去的经验与直观背景相互作用，这样就能得到实例中本质的东西，经过系统的分类比较便可以获得概念的本质特征，再通过正反例的对比、原型与变式的共同作用把有关特征与无关特征区分开来，最后通过语言把数学概念抽象概括出来。

下面来分析直观教学、系统化与分类的教学、学生的概括能力与语言表达能力等因素如何影响中学数学概念学习。

（一）直观教学对概念学习的影响

直观教学即利用教具作为感官传递物，通过一定的方式、方法向学生展示，达到提高学习的效率或效果的一种教学方式。直观背景是学生在概念学习中接触到或者使用到的直观的材料（如实物、模型、图形、符号等）、依据的直观经验、运用的直观语言、进行的直观活动等。

在概念形成的过程中，直观性教学是教学效率的必要保证，有着重要的地位，从多个方面影响着概念学习。许多心理学家曾指出，理解作为分析－综合活动的学习过程，学生对具体事物和现象的认识活动就是直观的活动，这是学生对现实事物进行分析时的最初级的认识活动。

直观教学对概念形成的影响主要表现为以下两个方面。

（1）直观性有助于形成鲜明而准确的知觉和表象形象，减轻学生从感知具体事物到理解抽象概念过程中的学习负担。数学概念的形成过程是先归纳概括出一类事物的共同属性，然后抽象出事物的本质属性，最终获得概念。因此，学生只有掌握了丰富的直观背景，在分析归纳具体实例时，才能很快获取事物的本质属性、形成概念意象，既能节省时间，又能加深记忆，利于概念定义的获得。

（2）直观教学有积极的影响是肯定的，但它还有消极的一面。由于教材中的概念最初都以原型呈现、教学时间又有限、直观材料都千篇一律等因素，学生的注意力通常会集中在事物的偶然的非本质特征上，而不能正确地对事物的本质特征进行揭示与概括。因此，标准的、典型的直观材料就成为学生准确识别反例、变式的阻碍，严重影响概念的获得。

（二）系统化与分类对概念学习的影响

系统化要求教材依照一定的顺序与次序排列。分类是指按事物的本质属性与其他事物的区别，把事物分成各种彼此间相互联系的种类。教材的系统化与分类能帮助学生更好地理解概念间的关系、了解概念性质间的联系，以便学生可以从整体上把握教材及整个学科的结构，从而系统地理解概念。

系统化的方法之一就是对概念进行分类，此分类涉及概念的引入教学。只有掌握了系统的概念，学生才能了解属概念是如何到种概念的，种概念又是怎样到属概念的，从而清楚概念的内涵和外延之间的依存关系。而种属关系的确定正是概念分类的基本方式之一。学生没能把所学概念归入已知的属概念中去，是导致他们在数学知识学习上有漏洞的最主要因素。

因此学生要学会对概念进行正确的分类，这既能提高他们的归纳概括能力，又有助于他们对知识进行更深层的理解、更牢固的记忆。系统化地掌握概念、认清概念间的逻辑关系，是促使学生知识体系有效与牢固的可靠保障，同时还能培养学生的辩证思维能力。教学系统化是提高教学效率的重要因素，为学生独立地获取知识提供更大的可能行。

（三）学生的概括能力与语言表达能力对概念学习的影响

概括能力是学生形成、掌握概念的先决条件，概括水平的高低直接影响着学生对概念掌握的好坏，因为无论概念的学习还是应用都是概括的过程。因此只有具备一定的概括能力的学生，才能掌握由概念引申的定义、定理、公式、法则，才能进行逻辑推理，才能对知识进行灵活的迁移。事物本质属性的得出是利用分化类化的技能，分析并比较其所有相关属性，最终概括出来的。

因此教师在概念教学中，应当注重学生概括能力的培养，让学生学会分化类化的技巧，自主地去分析发现各事物属性间的关系，以及新旧概念之间的联系点，从而培养自己的分析发现能力，这是概括能力的先决条件。

数学语言表达能力与学生的概念学习也是紧密联系着的。爱因斯坦曾指出："一个人的智力发展和他形成概念的方法，在很大程度上是取决于言语的。"通过语言的表述，概念各要素间的关系会变得更加清晰明确，这样新概念的形成就不需要人们再次对事物及表象进行观察或回忆了。逻辑推理能力是数学学习培养的一个重要能力，逻辑推理是各种定理、推论、法则等结论的依据，而逻辑推理能力恰恰受语言表达能力的影响。因此，概念学习中的另一个重要环节就是语言表达。学生能深入理解概念的标志之一，就是有较强的语言表达能力，能正确地叙述出概念、解释其本质。

二、新课改下数学概念教学的策略

1. 让学生认清概念的结构，准确掌握其内涵与外延

内涵是概念的本质，由于学生对内涵的认识不到位，学习中经常会出现失误。这就要求教师先分清内涵的逻辑起点与学生认知水平间存在的差异，再设计合理的教学以缩小这种差距。传统教学过程中，教师往往从内涵的逻辑起点开始教学，并不注重学生的认知情况，导致两者脱节。甚至有些教师会认为把概念的一切本质属性都描述出来就是定义，教学就是要反复强调定义，但学生死记硬背定义，根本无法理解。在教学过程中还应对学生进行适当的变式训练，因为本质属性往往是抽象的、隐蔽的，学生常常会忽视这一点而在学习中出现错误。例如，一元二次方程是形如 $ax^2 + bx + c = 0$（$a \neq 0$）的方程，当学生看到形如 $ax^2 = 0$（$a \neq 0$）的方程时就会认为这不是一元二次方程。

概念的外延与内涵相辅相成，外延反映的是事物的范围，相比内涵它更难掌握。因为教学时间有限，给出的例子也是有限的，具有某一概念本质属性的例子是不可能全部呈现的，这就使学生很难发现或者不能迅速发现此概念的外延。教师要想

帮助学生尽快认识、理解概念的外延，可以引导学生从不同角度用不同方式对概念进行正确分类。学生对分类方法的掌握有助于快速找到概念的外延。

2. 注重实例与直观材料的教学

数学概念反映的数学对象是有一定直观性的，概念都是从具体到抽象而形成的。由于实例与直观材料有利于这种转化，容易使学生对概念形成直观的模型，因此教师就应该使概念的空间形式变得更直观，从而促使学生的形象思维更加活跃，突破传统的思维定式，重组知识体系。

直观化教学可以让学生更容易接受概念，让这种接受过程不在复杂，变得更为简单、明了。但要注意直观材料的使用一定要恰当，信息量一定要适中，如果过多，那些非本质属性就会迷惑学生，使他们很难得到本质属性；如果过少并且抽象，那么本质属性就很难显现出来。

3. 对概念进行分解类比整合的教学

教师要对所讲的概念进行分解，这样可以使学生更加深入地理解概念之间的联系，无论是对局部还是对整体都有深刻的了解。由于人对事物理解的思维都是从简单向复杂逐渐过渡的，那么对概念的分解会降低思维的难度，然后通过模拟分析、归纳综合，把难点一一破解，最后再进行整合，这样便会对概念有一个完整的认识。

例如，教师在讲授复数概念时，为了便于学生理解，教师通常会把复数这个二维数降成两个一维数来进行讲解。教材上定义形如 $z = a + bi$（其中 a、$b \in \mathbf{R}$）的数是复数，学生一时无法接受，于是就通过 a 是实部、b 为虚部这两个名称的刻画，把二维复数变成了与之对应的一维数。然后明确给定了两个数

a、b 就确定了一个复数 z，反之成立。最后对复数概念进行整合，通过复数几何意义的刻画，使学生认识到复数 $z = a + bi$ 与有序实数对 (a, b) 一一对应，这个二维数是复平面上的点。

4. 培养学生的数学语言表达能力

数学概念的最终表征要通过语言来完成，学生数学语言表达能力的强弱直接决定着概念学习的好坏。由于数学语言不同于日常生活用语，它具有高度的抽象性，且具有符号化和形式化特征，这就使很多学生很难理解并接受这种语言，他们并不能通过一次学习就将数学语言融入自己的语言体系。但教师经常会检查学生概念的学习情况，学生迫于无奈只好硬性背下形式化的定义，但不能很好地理解。因此培养学生的数学语言表达能力是很必要的。

在教学过程中，教师要启发学生用自己的语言对事物进行刻画，引导学生对概念做一个较精确的描述，帮助他们将自我语言与形式化语言融为一体，给概念下定义。要求学生一字不差地记住教材上形式化的定义是绝不可取的，而要尽量在课堂上为学生提供发言的机会，铭记学生才是学习的主体，与学生多沟通、多交流，促使他们获得概念的正确表征。

第五章　数学命题教学理论及实践研究

第一节　数学命题教学研究的现状

从 20 世纪 70 年代至今，命题教学已有 50 年的历史，许多国内外著名的专家学者对命题教学做了大量的研究，有很多的研究成果。借鉴前人的研究成果，我们能学到很多，看得更远，也使我们的研究具有方向性，从而减少失误。

一、国外关于数学命题教学研究的现状

笔者对国外数学命题的教学研究做了一下整理，发现不少研究是集中在命题的证明上的。

克列耶尔是苏联的心理学家和教育家，对于证明有他自己独特的看法，"证明过程应使学生体验到寻求真理的所有喜悦……一个教师应考虑到学生在创造时所具有的苦恼，哪怕是让他们进行创造的幻想并从创造中得到审美的享受也好。枯燥乏味是学习中最可恶的敌人"。

斯涅普坎把证明教学理解为："教学生学习教师或课本所提供的现有证明，以及教学生独立求证。"

斯托利亚尔所理解的证明则是"寻求、发现和建立证明的种种思维过程的教学，而不是复制和熟记现有证明的教学"。

法国数学家阿达马更是不拘一格，为了教学生证明，他制定了一系列定向规则：弄清定理的条件和结论；根据题意做出

图形；从图形中感悟定理的正确性；用数学语言写出定理并找出其最简形式；在图中标好题目中的条件。

二、国内关于数学命题教学研究的现状

关于数学命题教学研究，国内比国外稍晚些，其中也有一些著名的学者，他们所做的理论研究也是值得我们学习和借鉴的。

马明对于数学命题的证明很有研究，在他的《中学数学思想方法选讲》一书中，专门有一章讲述了数学命题的证明，书中强调教师一定要让学生明白为什么要进行命题证明，以及真正的证明能帮助教师什么，在进行证明的同时教师能得到怎样的锻炼，教师的能力又有什么样的提高。

胡炯涛在他的《数学教学论》一书中，强调教师要注意在平时的教学中时时刻刻对学生进行训练，主要是对命题中所涉及的概念加以强调，让学生清楚什么是条件什么是结论，这样学生的数学命题分析与证明能力才能慢慢得到提升，从而他们就能掌握最本质的数学思想和方法。

南京师范大学的喻平教授对数学命题教学也有很深入的研究，他在《数学教育学报》发表的《论数学命题学习》一文中，对数学命题学习的本质特征做了详细的描述。在其所著的《数学教育心理学》一书中，第四章的第二节是专门介绍数学教学心理的，对情景认知理论在数学命题教学中的应用进行了说明介绍。《数学学习心理的 CPFS 结构理论》中喻平教授对数学中的概念、概念域、命题、命题域及其相关理论进行了说明和阐述。

罗玉莲发表的《基于情景认知理论的数学命题教学研究》，创设以学生为中心的学习环境，并把情景认知理论的内容运用

其中，在物理情景下进行数学命题的教学，在交互情景下进行数学命题的证明教学，在变式情景下进行数学命题的应用教学，优化学习环境中蕴含的学习资源，都使数学命题教学更加有效。

戴永的《高中数学命题的教学策略研究》对命题教学如何更好地开展，如何更好地运用到日常备课、上课、习题课中进行了阐述，论述了不同情况下的不同策略对教师课堂授课都有一定的指导和帮助作用。

朱姗姗的研究生毕业论文《数学命题理解心理模式及其教学研究》，从认知心理学角度出发，把命题、命题网络、理解的心理机制等问题进行分类，结合数学学科的特点，找到数学命题学习的根本，在广义知识学习心理模型的基础上建立了数学命题学习的心理模型，并在此模型的基础上对数学命题的教学提出了一些教学建议。

还有一些文章如刘淑珍的《关于命题与开语句的学习》、叶尧城的《发挥数学命题的导向作用，促使"应试教育向素质教育转变"》等，都是关于如何上好数学命题的教学课，如何应对数学课堂上的情况，并对数学命题教学有深入研究的课题。

第二节　数学命题教学影响下的认知学习理论

一、建构主义学习理论

建构主义理论强调，教师不能只是给学生以知识，而应引导学生用自己的头脑来构建知识。教师通过不同的方式促进学生知识的建构，如通过教学使知识有意义，创造机会使学生自主发现知识，让学生有意识地、主动地将所学知识应用于实践。整个教学过程中，学生是主体，教师是助手，为学生提供材料，使学生把知识建构为自己的知识。建构主义在构建知识时主要是以原有的经验、心理结构与信念为基础的。建构活动是社会性的集体活动，它彻底否定了被动反映论。

建构主义理论的核心观点是，学习者要想获得成功就必须自己去发现和转换复杂的信息。建构主义理论在学习与教学方法上也有其观点，突出强调学习的主动性与情境性。运用建构主义的学习观和教学观可以指导我们去认识数学教育的教学形态以及学生认知的特点，可以改善数学教育。

（一）建构主义学习观

建构主义理论认为学习者不断用新信息去检验自己已有的旧经验，并随时修改不再适用的旧经验。建构主义认识论认为学习活动的本质有以下几点。

（1）知识是由学生主动地依据自身的经验加以建构的，而不是简单地由教师或其他人传授的。这说明学习活动是具有创造性质的活动。学生要理解或消化教师所讲的内容，需要一个过程，一个意义赋予的过程，学生要凭借自己已有的认知结构去"解释"教师所说的，建立起主体已有的知识和经验与新的学习材料之间的非任意的、实质性的联系。从这样的角度分析，我们就应当明白，教师所教的往往并不是学生所学到的，学生的思维活动更不是教师主观的分析判断能代替的。这就证明了在学习活动中发挥重要作用的是学生已有的知识与经验。

（2）相对于一般的认识活动，学习活动有其主要的特点：它是认知框架的不断变革或重组，而重组正是认知结构与新的学习活动互相作用的结果，是"顺应"的过程。由此可见，学习不是简单的积累过程即量变过程，而是会包含一定的质变或是可以区分出不同阶段的。个体的认知发展包含对不恰当或错误观念的纠正与更新，而主体的反思正是认知结构更新的必要条件。因此，新知识不是简单地被动接受，它是一个既包括自我评价又包括自我批评反省的复杂过程。这就要求教师要针对学生对新旧知识的认识分歧做出正确的调整，做好新知识从理论到实践的转化，从而使学习者的学习活动起到预想的作用。

（3）学习活动具有特殊性：学习是一种特殊的建构活动的社会性质，或者说是一种高度组织化了的社会行为。

学生的学习活动是一种文化继承的行为，它主要是通过教师的指导并在学校这个特定的环境中进行的，学生间的互相作用也会对学习活动产生必要的影响。因此，学习不是一种孤立的个人行为，各种合乎情理的思维方式与较高的智力发展水平也不是由个人自学就自然而然地得以形成与完善的，而是由教师与学生所组成的共同体共同实现的。

（二）建构主义教学观

建构主义教学观是自上而下的教学，这就要求学生先从复杂的问题入手，在教师的帮助下去找到或发现所需的基本技能，它强调的是合作学习、发现学习和自我调节学习。因此，整个建构性学习的教学过程的核心是以学生为主体的知识建构，是一种对传统教学观有着批判和超越精神的教学观，在课堂教学方面具有新的特点。

（1）建构性的课堂教学，是教师运用一定的方法和技术，设计一定的情境，有目的地组织多向交流的活动，如学生之间的交流、教师与学生之间的交流，以及师生与多媒体之间的交流，这些交流主要表现在行为上、思维上以及情感上。而交流的方式也是多样化的，可以是对话式的，也可以是讨论式的，等等。

（2）课堂是社会，教师和学生都是一种社会角色。在课堂上，小组成员示范正确的思维方式，暴露彼此间错误的观念，这种师生间、小组间的交流、交往都属于一种社会性关系，而这种教学过程又是从学生的实际生活出发的，把学生培养成具有丰富的社会性情感的人，因此其是社会性的活动过程。建构性的课堂还是整合性的教学，它把知识与技能、过程与方法、情感态度与价值观这三方面整合在一起，在内容上也同时照顾到学科知识与学生经验、社会发展间的关系。

（3）教师在课堂上的作用就是由知识的授予者变为学习活动的促进者，教师要充分发挥好组织者的作用，调动起学生学习的积极性，深入了解学生的思维活动，注意个体在认知上的特殊性，帮助他们转变错误的观念，发挥好主导作用。

二、奥苏贝尔的认知同化学习理论与数学命题教学

奥苏贝尔是美国纽约市立大学研究院与大学中心的教育心理学教授，从心理学角度分析，人们在接触新的不熟悉的领域时，更容易接受从已知的一般的整体当中分化出细节，但奥苏贝尔对传统的学习理论持批判的态度。他的学习理论主要分为三个部分：意义学习理论、先行组织者策略和学习中的动机因素。

（一）意义学习理论

奥苏贝尔认为学生的学习要想有价值就应该尽可能有意义，于是他区分了接受学习和发现学习、意义学习和机械学习之间的关系，认为学校应该采取意义接受学习。意义学习有三

个必要条件：第一，学习者必须对任何学习任务表现出一种有意义学习的心向；第二，学习材料必须是潜在有意义的；第三，学习者知道已有的知识如何与他们学习的内容发生关联。

奥苏贝尔认为，当学生把自己的认知结构与教师的教学内容有机结合起来时，意义学习就发生了。而在课堂上学生的认知结构是影响意义学习最重要的因素。因此，要促进新知识的学习，就要增强新知识与学生已有认知结构中相关的观念。学生的认知结构中与新学内容能够联系起来的已知概念是后继学习的基础与固着点。这些固着点是否稳定、清晰，将影响学生能否准确区分出新旧概念。那么，在教学过程中，教师要尽可能地传授该学科中最具有概括性和说服力的概念或原理，在安排学习内容的顺序上要采取最有效的方法，注意渐进性，构成学习内容的内在逻辑。而有些教师过于强调单元的独立性，或者是在学生还没有掌握一定的相关概念时，就开始教新内容，这是很难发生意义学习的。

（二）先行组织者策略

奥苏贝尔认为，学生在学习和记忆过程中的主要困难是新旧知识之间的矛盾，而非新旧知识之间的辨别。这样学生就会把新内容和已有的知识分割开来，使新命题成为孤立的实体，这样只能通过过度的学习以求得通过考试，这就使得学习不再有任何意义。于是奥苏贝尔采用先行组织者的策略来解除此弊端。

先行组织者是指在教学内容本身之前呈现的一种引导性材料，这种引导性材料是与学习内容相关的，但有更高的抽象、概括和综合水平，是最清晰、最稳定的材料。先行组织者有利于促进学生学习和保持信息，它可以使学生注意到自己认知结构中已有的那些固着点，提醒学生这些固着点与新知识之间的关系，并把新知识建立在其上，增强新旧知识间的可辨别性，从而有效地学习新知识。

（三）学习中的动机因素

奥苏贝尔认为情感因素、社会因素都会影响课堂学习，情感因素对学习的影响主要通过动机起作用。奥苏贝尔主要关注的是成就动机，即学生设法取得好成绩的倾向，这会发挥学生在注意力、持久性、努力程度与耐挫性等方面的潜力，影响他们的学习效果。动机可以巩固所获新知识，增强所学知识的清晰性，也是对原有知识的重新提取与回忆，促进意义学习。

教育者的任务并非是增强动机本身，而是要认识、控制与调节动机因素，让学生参与有利于学习的活动，使他们始终充满学习的动机。

三、皮亚杰的"发生认识论"与数学命题教学

皮亚杰（1896—1980 年），瑞士人，是近代最著名的儿童心理学家和发生认识论专家。皮亚杰认为知识不是源自经验的积累，人类对客观事实的理解和认识更不是天生就存在于头脑中的。皮亚杰的观点介于先天主义和经验主义之间，他主张认识起因于主客体之间的相互作用，这种作用发生在主客体之间，因而既包含主体又包含客体。

皮亚杰观念中对认识起中介作用的是具有可塑性的活动本身，并不是单纯的自感知觉。他主张所有认识都包含有新东西的加工制作的一面，并把这种加工制作称为活动和动作。皮亚杰强调认识和实践是一个整体，认识开始于活动，个体对客体的活动、对情景的加工处理等，都是促进主体产生认识。

皮亚杰把知识分为三种：物理知识，也叫经验知识，与世界中客体的知识有关，可通过知觉特性获得；逻辑数理知识，超越了物理知识，是不能从客体的知觉属性中得到的，是抽象的，必须是被创造出来的；社会知识，具有文化性特征，只能从自己文化群体中的其他人那里习得。虽然这三类知识抽象的对象和意义不同，但都来源于人的活动以及实际的具体动作。

皮亚杰理论的中心是个体从出生到成年的整个认知发展阶段，他认为认知发展不是数量上简单的积累，而是认知图式不断重建的过程，因此不能用成人的思维去推断儿童的思维。根据认知图式的性质，他把个体的认知发展划分为 4 个阶段：感知运动阶段、前运算阶段、具体运算阶段与形式运算阶段。他认为对认知发展至关重要的有三个过程是同化、顺应与平衡化。

第三节　问题情境下初中数学命题的教学策略研究

在初中数学命题教学中，教师采用问题情境教学法，引导学生进行自主学习。由于初中数学涉及的公式和数据对于学生来说，理解上存在困难，所以教师就可以通过设置问题情境，引导学生进行学习，激发学生的学习欲望，从而有效地提升教学效率，也能使学生更加深刻地理解教学要点。

一、命题引入中的创设现实问题情境教学设计

（一）创设现实的问题情境

现阶段，数学的很多知识都是从生活中出发，同时也被运用到生活中的。对此，在实际教学过程中，教师就应该转变传

统的教学理念，不能一味地照本宣科，要从现实生活入手，让学生自己动手操作，自己动脑思考，从而提升实践操作能力。

例如，在讲解圆这一概念时，学生对圆的理解也是多种多样的，有的学生会拿硬币作参考，有的学生会拿足球作参考。这时教师就应该鼓励学生从生活入手，让学生发散思维，去想象自己生活中触手可及的事物。就好比教师在讲解中提出，车轮是圆形的，是不是可以换成正方形或者三角形等其他多边图形？该问题的提出，会使学生积极动脑思考，主动参与到问题的思考和解答中，动手设计操作假设车轮是正方形的，汽车的移动情况。教师再通过讲解，让学生观察圆形轮胎的汽车和正方形轮胎的汽车在同一个路段内的行驶情况。然后学生自己去思考什么原因使得车的平稳、快速地行驶。通过这种方法，学生能够尽可能地发散思维，由此加深对命题的认知，夯实基础。

（二）通过设置悬念实现问题情境创设

教学的本质不仅仅是向学生传授知识，还有通过传授知识培养学生自主学习的能力，提高学生的自我认知。因此，初中数学教学过程的关键就在于要充分吸引学生的注意力，以培养学生的独立思考能力，这就需要教师充分利用问题情境教学法，为学生设置悬念，让学生自己去寻找答案。例如，在平方公式这一节课程中，很多学生对平方公式的认知和使用存在一定的误差，在这种情况下，教师就应该让学生自己去推导公式，在探索的过程中，去发现问题，然后进行改正。

例如，给出一定的值，$(a+b)^2$、$(a-b)^2$ 和 a^2+b^2、a^2-b^2 这四个公式得出的结果是否一样，在这种情况下，教师就可以引导学生自己代入相同的数值进行验证，学生通过自己验证得出结果，才能发现问题，从而突破传统认识的局限，以此提高学习效率。

二、命题引入中的利用数学史创设问题情境教学设计

（一）利用数学史创设问题情境

初中数学实际教学，从理论教学入手，辅以问题情境教学，体现学生的能动性，鼓励学生参与到学习中，其中创设实情境就是问题情境教学法中的一种最基本的方法。教师通过设置备案，向学生讲述数学学者、数学家等的人物故事，让学生了解有无数的学者投身到数学研究中，让学生领悟学者的思想，从而感受数学的魅力。

例如，在讲解勾股定理这一原理的过程中，学生一开始对"勾三股四弦五"这样的理论只是死记硬背，不能理解为什么要将其作为解题的基础。在这种情况下，教师可以通过制作PPT，向学生呈现出一幅由家中地面瓷砖反映直角三角形三边关系的图像案例，然后让学生自己抽出一个等腰直角三角形，和与该等腰直角三角形中直角相对的正方形，引导学生自己去探索发现三角形三边之间的关系。在此基础上，教师向学生介绍一些勾股定理的相关推论，然后让学生自己去讨论，给出自己的见解。这样，从一开始的验证到解题，再到最后寻找答案，都是学生自己完成的，从而加深了学生的认知。

（二）开展游戏竞赛，实现问题情境创设

在初中数学命题教学中，面对一些难以理解，或者需要丰富的想象力才能更好地理解的内容，教师就可以通过创设竞赛型问题情境，让学生全身心参与其中，刺激学生的求知欲和好奇心，从而使他们积极地参与到学习中。

例如，在讲解正方体展开图这一部分内容时，学生在脑海里呈现出的展开图画面都是抽象的、单一的。这时，为了让学生能够更好地把握所学知识，教师可以鼓励学生亲自动手去做正方体，然后想出所有可能拼成正方体的分解。在此过程中，教师起到非常重要的引导作用，即先将学生划分为多个小组，小组成员之间协同合作，那一组学生寻找出的可以组成正方体的方法越多，就是胜利者，然后教师将胜利者的方法贴到黑板上，其他的同学以他们为榜样，从而寻找出自己的问题，并进行反思。最后教师总结本节课的学习内容，并对学生得出的结果进行补充。由此可见，通过这种方式，学生能够自己动手去寻找答案，既锻炼了自己的思维想象能力，也提升了团队的协作能力，最终学生对正方体特征的了解，也不再是单一的死记硬背了，而是能够在动手操作中加深印象。

参考文献

[1] 高文. 教学模式论 [M]. 上海：上海教育出版社，2002.

[2] 濮安山，张水胜，王福. 中学数学教学论 [M]. 哈尔滨：哈尔滨工业大学出版社，2016.

[3] 陆书环，傅海伦. 数学教学论 [M]. 北京：科学出版社，2004.

[4] 王鸿钧，王玉阁. 数学教育学：总论 [M]. 沈阳：辽宁科学技术出版社，1985.

[5] 加涅. 学习的条件和教学论 [M]. 皮连生，王映学，郑葳，等译. 上海：华东师范大学出版社，1999.

[6] 郑毓信，梁贯成. 认知科学建构主义与数学教育 [M]. 上海：上海教育出版社，2002.

[7] 格劳斯. 数学教与学研究手册 [M]. 陈昌平，王继延，陈美廉，等译. 上海：上海教育出版社，1999.

[8] 喻平. 数学学习心理的 CPFS 结构理论 [M]. 南宁：广西教育出版社，2008.

[9] 顾泠沅. 有效地改进学生的学习 [J]. 上海教育，2000（1）：13-16.

[10] 孙道静. 数学教学中问题情境创设的意义及方法 [J]. 中学数学月刊，2015（4）：19-21.

[11] 吴详斌. 问题情境教学法在初中数学教学中的运用 [J]. 学周刊，2016（1）：68-69.

[12] 章雪英. 解析初中数学教学中的问题情境设计 [J]. 新课程，2017（6）：123.

[13] 郑慧英. 中学数学教学中研究性学习的探讨 [J]. 散文百家，2015（3）：281.

[14] 黄艳玲，喻平. 对数学理解的在认识 [J]. 数学教育学报，2002，11（3）：40-43.

[15] 王利庆. 高中数学概念教学策略实践研究 [D]. 浙江：浙江师范大学，2007.